AUTOESTIMA
Afetividade e Transformação Existencial

Editora Appris Ltda.
1.ª Edição - Copyright© 2024 do autor
Direitos de Edição Reservados à Editora Appris Ltda.

Nenhuma parte desta obra poderá ser utilizada indevidamente, sem estar de acordo com a Lei nº
9.610/98. Se incorreções forem encontradas, serão de exclusiva responsabilidade de seus organi-
zadores. Foi realizado o Depósito Legal na Fundação Biblioteca Nacional, de acordo com as Leis nos
10.994, de 14/12/2004, e 12.192, de 14/01/2010.

Catalogação na Fonte
Elaborado por: Dayanne Leal Souza
Bibliotecária CRB 9/2162

G292a 2024	Geaquinto, Willes S. Autoestima: afetividade e transformação existencial / Willes S. Geaquinto. – 2. ed. – Curitiba: Appris, 2024. 204 p. ; 23 cm. Inclui referências. ISBN 978-65-250-6124-5 1. Autoestima. 2. Afetividade. 3. Afetividade. 4. Transformação existencial. I. Geaquinto, Willes S. II. Título. CDD – 155.2

Appris editora

Editora e Livraria Appris Ltda.
Av. Manoel Ribas, 2265 – Mercês
Curitiba/PR – CEP: 80810-002
Tel. (41) 3156 - 4731
www.editoraappris.com.br

Printed in Brazil
Impresso no Brasil

Willes S. Geaquinto

AUTOESTIMA

Afetividade e Transformação Existencial

Appris
editora

Curitiba, PR
2024

FICHA TÉCNICA

EDITORIAL	Augusto Coelho
	Sara C. de Andrade Coelho
COMITÊ EDITORIAL	Ana El Achkar (UNIVERSO/RJ)
	Andréa Barbosa Gouveia (UFPR)
	Conrado Moreira Mendes (PUC-MG)
	Eliete Correia dos Santos (UEPB)
	Fabiano Santos (UERJ/IESP)
	Francinete Fernandes de Sousa (UEPB)
	Francisco Carlos Duarte (PUCPR)
	Francisco de Assis (Fiam-Faam, SP, Brasil)
	Jacques de Lima Ferreira (UP)
	Juliana Reichert Assunção Tonelli (UEL)
	Maria Aparecida Barbosa (USP)
	Maria Helena Zamora (PUC-Rio)
	Maria Margarida de Andrade (Umack)
	Marilda Aparecida Behrens (PUCPR)
	Marli Caetano
	Roque Ismael da Costa Güllich (UFFS)
	Toni Reis (UFPR)
	Valdomiro de Oliveira (UFPR)
	Valério Brusamolin (IFPR)
SUPERVISOR DA PRODUÇÃO	Renata Cristina Lopes Miccelli
PRODUÇÃO EDITORIAL	Daniela Nazário
REVISÃO	Simone Ceré
DIAGRAMAÇÃO	Renata Cristina Lopes Miccelli
CAPA	Lívia Weyl

Dedico esta obra aos meus pais adotivos, Rosa e José (em memória), que, principalmente no breve tempo de convivência em criança, me nutriram com valores virtuosos, exemplos profícuos, amor e afeto, motivando minha autoestima e minha capacidade de superação. Às minhas amadas filhas, Danielle e Carolline, por existirem e enriquecerem minha vida afetiva, contribuindo para que eu me instituísse uma pessoa melhor.

AGRADECIMENTOS

Agradeço a todas as pessoas da minha família universal que, de algum modo, influenciaram-me positivamente e que fizeram e fazem parte da minha história, em todas as suas dimensões. Antepassados, familiares, minha ex-esposa Rita — que me auxiliou com comentários e revisão —, professores, educadores, mentores, Anny Meiry — minha companheira e incentivadora —, clientes, companheiros e companheiras de trabalhos comunitários e voluntários, colegas, amigos e amigas de todos os tempos e lugares.

APRESENTAÇÃO

*Quem acende uma luz
é o primeiro a beneficiar-se da claridade.*

(Gilbert Chesterton)

Este é um livro sobre autoestima e transformação existencial. Sobre mudança aprendida, vivenciada e compartilhada ao longo do tempo.

Quando escrevi meu primeiro livro, *Cidadania, o direito de ser feliz*, o fiz de modo bastante incisivo, atribuindo às minhas superações, principalmente, os valores aprendidos na breve convivência, de 2 a 7 anos de idade, com meus pais adotivos, Rosa e José, responsáveis por avivarem, em mim, a existência e por moldarem o meu caráter e a base da minha personalidade. Isso somado às minhas vivências, ao conhecimento adquirido — com muito empenho — por muitas e múltiplas leituras desde a mais tenra idade (aprendi a ler entre três e quatro anos) e, por fim, aos estudos e às observações constantes da vida. Elementos que, além de motivar minha trajetória para instituir-me cidadão dotado de autoestima, transformaram-me em uma pessoa inquieta, inquiridora e reativa a situações limitadoras.

A presente obra, de certo modo, segue a mesma vertente da antes citada, já que a ideia de a escrever nasceu ao mesmo tempo, porquanto, que em um dos seus capítulos, fiz menção sobre a importância da autoestima para o exercício qualificado da cidadania, o que me leva a afirmar que, como se fora uma semente, há mais de uma década, ela vinha sendo germinada.

Utilizando de alguns conceitos que são de uso corrente na área terapêutica e comportamental, cuidei para que esta obra não fosse, apenas, uma mera repetição deles. Por isso, imprimi-lhe características que, normalmente, estão presentes em artigos que escrevo, tais como o hábito de sintetizar ideias para torná-las mais inteligíveis aos olhos do leitor e o uso de um tom que eu denomino como coloquial. Isso pela convicção de que seja qual for a verdade ela é simples, não havendo razão para complicá-la, apenas para demonstrar erudição.

Mesmo em cenários diferentes, como a rua, abrigos e educandários para menores — onde vivi enquanto criança e adolescente —, ou na minha lida como boia fria, trabalhador braçal e outros tantos "labores", ou, ainda, quando, mais à frente, estudei Filosofia, Direito, Psicanálise e outras incontáveis abordagens comportamentais, sociológicas, religiosas e espiritualistas, nunca me contentei em ser mero espectador da história; pelo contrário, sempre busquei intervir como sujeito da sua transformação.

Os tolos acreditam no que dizem os outros; os sábios no que veem e compreendem. Escrevo e falo sobre autoestima em artigos e palestras motivacionais, a princípio, como autodidata, precisamente, desde o ano de 1985. Portanto, são também esses saberes, adquiridos ao longo dessa jornada, que amparam e qualificam a minha pretensão ao ousar escrever esta obra e tratá-la não só teoricamente, mas, principalmente, sob o prisma do aprendizado vivido no decorrer da minha trajetória, até os tempos atuais, onde, por vias muitas vezes tortuosas, doloridas — e outras nem tanto —, acabei por descobrir que o que me moveu até aqui foi uma noção, em determinadas ocasiões não muito clara, mas profunda, do poder da autoestima.

Observem que o "ousar", neste contexto, não significa apresentar algo absolutamente novo, mas exibir um "enfoque diferenciado", inteligível e verificável de tudo quanto foi meu aprendizado até agora, estabelecendo novas conexões, dando uma diferente amplitude a conceitos já existentes ou reescrevendo-os e repensando-os sob a ótica singular da valorização da criatura humana, em todas as suas múltiplas dimensões. E mesmo que, em determinadas ocasiões, alguns enfoques ou citações possam soar repetitivos, adianto que isso é proposital, dado que, em certas circunstâncias, a recorrência é parte integrante da comunicação e do próprio exercício de aprender.

Por fim, a verdade é que o objetivo primeiro desta obra é o de partilhar o saber adquirido neste aprendizado contínuo que foi, e continua sendo, a minha existência, pois, a meu ver, todo conhecimento não experimentado e compartilhado é inútil, posto que, quando ele apenas serve ao ego de quem o detém, acaba por diluir-se em si mesmo e perecendo sem transformar-se em sabedoria. Assim, como toda semente tem como fim germinar, crescer e frutificar, nós, criaturas humanas, temos como tarefa algo que, para mim, vai além do vão determinismo do nascer, crescer, envelhecer e morrer, porquanto creio que o nosso propósito superior é o de aprender, amadurecer, evoluir e produzir bons valores e exemplos.

A você que me honra com sua leitura, desejo, apenas, que sinta e aceite este escrito como um convite a uma reflexão construtiva e transformadora. Como uma boa, simples e saborosa "prosa" de pessoa para pessoa, sem a pretensão da verdade absoluta. Apenas a verdade em construção, deste que lhe escreve, uma vez que, como bem afirmou Wilhelm Reich, no livro *Escuta, zé-ninguém*[1]: "A verdade é que todo o médico, sapateiro, mecânico ou educador que queira trabalhar e ganhar o seu pão, deve reconhecer as suas limitações".

Creio que foi o historiador e ensaísta escocês Thomas Carlyle, que viveu na era vitoriana, quem disse: "O melhor efeito de qualquer livro é quando ele impele o leitor à atividade". Eu acredito nisso, porque li muitos bons livros que me remeteram à ação. Sendo assim, espero que este livro cumpra também esse papel. Que o leitor encontre em seu texto, ou subtexto, algo que possa gerar, no mínimo, uma boa reflexão.

Desvendá-lo, então, é fundamental. Cada palavra contém mais que letras. Possui sons e setas.

---

[1] **Wilhelm Reich** (1897-1957), austro-americano, discípulo dissidente de **Sigmund Freud,** psiquiatra e psicanalista, que muito contribuiu para o entendimento da psique humana. É sua a frase: "Amor, conhecimento e trabalho são as fontes da nossa vida. Deveriam também governá-la". Entre outras obras, destacam-se: *Análise do caráter; A revolução sexual, A função do orgasmo, O assassinato de Cristo e Escuta, zé-ninguém.*

PREFÁCIO

Como se fosse um prefácio

Ou nos amamos, ou nos aniquilamos. Todos juntos.

(José Ângelo Gaiarsa)

A minha pretensão era que o prefácio desta obra fosse escrito pelo Dr. José Ângelo[2] Gaiarsa, pela admiração que sempre nutri por ele, querido mestre — um reichiano e humanista convicto —, em razão de sua coerência, arrebatadora, demonstrada no seu programa da TV Bandeirantes, nos anos 1980 e 1990, ao qual eu assistia quase que religiosamente. Em essência, por afinidades e identificação de longa data, que vieram a influenciar mudanças em minha vida.

Estive com o Dr. José Ângelo, pessoalmente, uma única vez — durante um seminário em São Paulo —, quando uma conversa, breve, foi suficientemente marcante para que eu pudesse sorver, com prazer, uma rara fração da sua sabedoria, humildade, desprendimento e amor pelo seu ofício. Enfim, porque foi dele a inspiração mais incisiva para vir a tornar-me psicoterapeuta. Anos depois, autorizou-me a divulgar seus textos em meu site, com um e-mail muito carinhoso.

Resumindo, como ele passou para a dimensão espiritual em outubro de 2010 — tempo em que eu ainda escrevia esta obra —, não foi possível solicitar o prefácio. Sendo assim, resolvi homenageá-lo, neste breve espaço, compartilhando alguns valiosos fragmentos de uma das suas reflexões, extraído do texto intitulado As Carícias e o Iluminado, publicado em me site www.viverconsciente.com.br em 9 de agosto de 2010:

"É preciso começar a trocar carícias, a proporcionar prazer, a fazer com o outro todas as coisas boas que a gente tem vontade de fazer e não faz, porque 'não fica bem' mostrar bons sentimentos!

---

[2] **José Ângelo Gaiarsa** (1920-2010). Médico psiquiatra, introdutor das técnicas corporais em psicoterapia no Brasil. Além da obra já citada, escreveu inúmeros livros, entre eles: *Couraça muscular e caráter, educação familiar e escolar para o terceiro milênio, Tratado geral sobre a fofoca, Sexo — tudo que ninguém fala sobre o tema.*

No nosso mundo negociante e competitivo, mostrar amor é um mau negócio. O outro vai se aproveitar, explorar, cobrar... Chega de negociar com sentimentos e sensações. Vamos nos reforçar positivamente. É o jeito — o único jeito — de começarmos um novo tipo de convívio social, uma nova estrutura, um mundo melhor.

Freud ajudou a atrapalhar mostrando o quanto nós escondemos de ruim; mas é fácil ver que nós escondemos também tudo que é bom em nós: a ternura, o encantamento, o agrado em ver, em acariciar, em cooperar, a gentileza, a alegria, o romantismo, a poesia, sobretudo o brincar com o outro. Tudo tem que ser sério, respeitável, comedido — fúnebre, chato, restritivo, contido...Proponho um tema para meditação profunda; é a lição mais fundamental de toda a Psicologia Dinâmica:

Só sabemos fazer o que foi feito conosco.

Só conseguimos tratar bem os demais se fomos bem tratados.

Só sabemos nos tratar bem se fomos bem tratados.

Se só fomos ignorados, só sabemos ignorar.

Se só fomos odiados, só sabemos odiar.

Se fomos maltratados, só sabemos maltratar.

Não há como fugir desta engrenagem de aço:

Ninguém é feliz sozinho.

Ou o mundo melhora para todos ou ele acaba.

Amar o próximo não é mais idealismo 'místico' de alguns.

Ou aprendemos a nos amar ou liquidaremos com a nossa espécie.

Ou aprendemos a nos tratar bem — a nos acariciar — ou nos destruiremos.

Carícias — a própria palavra é bonita.

Carícias... Olhar de encantamento descobrindo a divindade do outro — meu espelho!"

A TRAJETÓRIA DE UM INSTITUINTE*

(resumo de uma autobiografia)

> *Cada um de nós compõe*
> *A sua própria história.*
> *E cada ser em si*
> *Carrega o Dom de ser capaz,*
> *De ser feliz.*

(Renato Teixeira/Almir Sater)

Nascido em Cachoeiro de Itapemirim, Espírito Santo, em 1950, "vim ao mundo" sem pai; ele sumiu no mundo, foi o meu primeiro abandono. Quando contava com um ano de idade, minha mãe mudou-se para Curitiba, no Paraná, onde, por força do infortúnio, acabei abandonado com um ano e meio de vida. Depois, até os sete anos, fui filho adotivo de uma família humilde, que, além de me renascer para a vida, tratou-me com muita dedicação e afeto.

Ao reaparecer, abruptamente em minha vida, aos sete anos de idade, minha mãe biológica não só me retirou da família adotiva, como também me deu um padrasto e, com ele, o acréscimo de novos transtornos, espancamentos, fugas, morada na rua, no circo, fome, frio e outros acontecimentos próprios desse tipo de experiência. Depois de quase um ano vivendo com eles, devido à violência dos espancamentos a que era submetido pelo padrasto, que, inclusive, jurou-me de morte, o Juiz de Menores retirou da minha mãe o pátrio poder. Então, fui internado em um educandário de fé católica, onde vivi até os 12 anos, completando nele meu curso primário. Passado esse tempo, com a minha fuga desse educandário, aos 13 anos, passei pela rua e pela Delegacia de Menores, sendo novamente internado em um centro de recuperação — Centro de Formação Profissional para Menores de Campo Comprido (um nome pomposo) —, uma Febem melhorada em vista de hoje em dia. Então, retomei a minha caminhada entre a rua e o "Abrigo de Menores".

Convivendo com crianças de todas as idades, algumas com histórias semelhantes à minha, outras mais desgraçadas e já iniciadas em algum tipo de delinquência, conheci o inferno a que sempre se tem submetido as crianças pobres e excluídas em nosso país. Mesmo sabendo que na época as condições eram, por assim dizer, melhores que as de hoje, guardo na memória as violações tanto de direitos como da própria condição humana a que estávamos sujeitos.

No período de quase dez anos, vivi entre a rua e esse segundo internato, onde presenciei e vivenciei acontecimentos dignos de histórias e filmes de ficção, barbarismos cometidos não só pelos internos maiores, como também por funcionários pagos, em princípio, para disciplinarem e cuidarem das crianças e adolescentes. Espancamentos, pederastia, abusos sexuais, exploração de todos os gêneros, quase sempre davam a tônica dos "cuidados" externados àqueles que ali estavam, de uma maneira ou de outra, colocados à margem da sociedade.

Mesmo vivendo em condições desfavoráveis para o desenvolvimento de uma educação razoável, acredito que, influenciado pelos ensinamentos dos meus pais adotivos, onde destaco a importância da minha mãe, e mais à frente pela disciplina do educandário católico, lembro-me que sempre travei uma luta em busca do saber e da superação da condição marginal a que estava submetido. Amparado no fato de que o rústico ensino da minha mãe adotiva me fizera leitor antes mesmo de frequentar a escola, cultivei a ideia de que nada seria impossível superar, desde que eu fizesse do conhecimento e da vontade de vencer as minhas melhores ferramentas.

É importante também destacar que, no período em que vivi na escola correcional — outro nome dado ao internato —, nunca pratiquei um roubo ou ações consideradas violentas, apenas pequenos furtos de frutas, legumes e coisas do gênero, utilizadas para aplacar a fome e vontades normais para uma criança vivendo sob aquelas condições extremamente adversas. O que me fez sobreviver dentro da Instituição e até mesmo na rua sempre foi o uso da minha inteligência acoplada ao saber adquirido nos livros e na escola, além da vontade, sempre ativa, de buscar um destino diferente daquele ao qual, infelizmente, estava fadada a maioria das crianças e adolescentes que conheci na época, ou seja, de se transformarem em ladrões, homicidas e outros gêneros de delinquentes, coisa comprovada anos depois na leitura das páginas policiais dos jornais de Curitiba.

O curso primário concluído no primeiro educandário me proporcionou algum destaque no segundo "abrigo de menores", já que mais de 90% dos internos mal sabiam ler ou escrever seus próprios nomes, ou seja, eram analfabetos ou semianalfabetos. E mesmo naquele ambiente adverso, eu e alguns outros nas mesmas condições, liderei um movimento para "estudar fora", que significava frequentar um ginásio externo, que veio a ser a Escola Estadual Nilson Baptista Ribas, onde cursei até a segunda série ginasial. Para se ter uma ideia das dificuldades dessa empreitada, basta dizer que o transporte pela manhã até a escola durante um bom tempo foi feito na carroceria de um caminhão, fizesse sol, chuva ou caísse geada. Suportei; suportamos tudo isso, por pouco tempo, já que a humilhação foi grande naquele colégio de classe média, distante da nossa realidade "marginal". Era doído e constrangedor, além de enfrentar uma gama de preconceitos, não ter merenda na hora do lanche; não ter alegria para brincar na hora do recreio.

Acabada a experiência de "estudar fora", decepcionado e angustiado, recolhi-me a uma nova rotina dentro do internato. Mesmo tendo sido instalado dentro do nosso ambiente um ginásio, levado por um professor de Matemática incompetente e por uma pedagogia cega às nossas diferenças, aboli a escola da minha vida aos 15 anos. Acabei, então, sendo enviado a um internato rural no interior do Paraná, numa localidade chamada Tibagi, onde, almejando algo melhor, fiquei por quase um ano. Lá aprimorei meu gosto pelas coisas da roça e meu espírito de liderança, sendo que aos 15 para 16 anos fui designado para tomar conta do sítio do Diretor da Escola, como se fosse uma espécie de capataz. O diferente era que tinha que trabalhar pesado como os demais trabalhadores.

Após esse período, de volta ao internato de onde saíra, consegui que me deixassem trabalhar na cozinha, uma maneira de ter a certeza de não passar fome, além de obter algum tempo livre para viver aventuras pelas matas e riachos lá abundantemente existentes na época. Nesse período, desenvolvi a arte de escrever cartas e cobrar por elas; costumava emocionar os pais dos internos, aqueles que os tinham, ao detalhar o dia a dia vivido ali naquele ambiente. O pagamento era feito com muitas "moedas": balas, pés-de-moleque, cocada, paçoca, cigarro, "gibis", revistas e outras bugigangas.

No tempo narrado, aconteceram muitas outras coisas, boas e ruins, das quais darei detalhes numa outra oportunidade, talvez num futuro livro autobiográfico. O significativo, contudo, foi o fato de nunca ter abandonado o hábito da leitura. Diziam, no internato, que eu era louco por livros e revistas e que quem quisesse fazer amizade comigo tinha que começar me dando um gibi ou algum livro, mesmo que velho. A leitura era importante para mim, porque dava uma dimensão maior ao meu mundo, quer dizer, o meu universo ia além da vida no internato ou das ruas, quando eu me refugiava nelas. De certa forma, era o meu escape: fuga da miséria, da marginalidade, do rumo à criminalidade.

Saindo do internato e da vida de rua, quase aos 18 anos, depois de alguns percalços acabei servindo o exército (13.° Regimento de Infantaria — em Ponta Grossa, Paraná). Experiência memorável de fel e mel. Naquele tempo, no ano de 1969, senti-me um perfeito subversivo naquela disciplina, para mim castradora e inibidora da minha autoestima. E eu que ingenuamente pensava em seguir carreira no exército brasileiro, um jeito de fugir à miséria, fui marcado pelo estigma do "mau comportamento", devido à minha rebeldia inata e compreensível pelo meu histórico. No período do "serviço militar", que durou mais de ano, cumpri mais de 120 dias de prisão, entre outras punições. Afinal, graças ao dinheiro ganho de meretrizes e do comércio de comida para os "filhinhos de papai" que não suportavam o boião servido para os soldados (trabalhei na cozinha dos oficiais e sargentos), fumava cigarro de filtro, ouvia muita música, ia aos bailes, bebia, namorava, além de ter lido dezenas de livros no tempo em que passei recluso na cadeia do regimento. Ampliar o meu conhecimento, essa ainda era minha rota.

Saído do exército, aos 20 anos, fui conhecer em Vitória, no Espírito Santo, meu pai biológico e outra parte da família, irmãs e irmãos. Porém, isso, ao invés de mudar minha vida, apenas acrescentou à minha biografia um cabedal maior de frustrações. Sonhava com um encontro caloroso com meu pai; emoções, puro cinema dramático, mas nada disso aconteceu. Meu pai mostrou-se muito pobre afetivamente, e o tempo que vivi com ele foi de inseguranças e tensão; como ele era comerciante, proprietário de panificadora e lanchonete, fui mais explorado na minha força de trabalho do que os seus próprios empregados. Quase um ano depois, saí da casa do meu pai meio sem chão, ou seja, sem perspectiva alguma. Alguns registros mais alegres deram-se em Cachoeiro de Itapemirim, pela convivência com minha única irmã de pai e mãe, tios, tias, padrinhos, avós (meu bom avô Alfredo, companheiro de baralho); e a vida seguiu seu velho e surrado *script*.

Aos 25 anos, já tendo vivido e sobrevivido a quase tudo de bom e de mau, inclusive à morte do Jackson, meu irmão de 19 anos, morto por um tiro e por não ter a felicidade de bons livros e boas companhias, eis que, depois de muito viajar, consegui retomar meus estudos em minha terra natal, Cachoeiro de Itapemirim, em 1975. Na esteira do ensino supletivo, voltei à meta que sempre perseguira: a conquista do saber. E no curto espaço de dez meses, contando com o incentivo de alguns familiares e pessoas alheias a esse círculo, como o professor Luiz Cláudio Gazir, que me franqueou o estudo no Curso Brasil, concluí o primeiro grau, o segundo grau e passei no meu primeiro vestibular, no curso de Ciências Sociais da Faculdade de Filosofia de Cachoeiro. Foi nessa empreitada que, pela primeira vez, tomei conhecimento daquilo que anteriormente, para mim, fora um ente subjetivo e até mesmo intuitivo, a cidadania. Foi no estudo da matéria de Organização Social e Política Brasileira (OSPB) que me deparei com a questão de ser ou não ser cidadão. Assim, por meio de incansáveis leituras, foi que entendi um pouco a razão da busca que fizera até então.

Ao participar brevemente do movimento estudantil, via Casa do Estudante de Cachoeiro, no contato com outras pessoas e lideranças estudantis, no conhecimento obtido por meio de revistas e jornais da época, alguns até clandestinos, vislumbrei que no campo participativo e solidário estava o princípio, a mola-mestra da cidadania. A partir daí, entendi que a minha busca por um lugar ao sol e o "vencer na vida" tinham o seu sentido vinculado ao resgate da minha autoestima para vir a ser cidadão; compreendi também que o meu sucesso não dependeria só de ter um bom emprego, mas também de ter uma vida com dignidade, na qual, além dos deveres, eu também tivesse alguma garantia de direitos e oportunidades.

Coagido pelo medo e pelas ameaças do autoritarismo vigente — que via em cada tentativa de resgate da cidadania uma ameaça à "segurança nacional" —, sob a "sugestão" de um agente da Polícia Federal, fui obrigado a abandonar o movimento estudantil e sair da cidade para cair no mundo novamente. Voltei ao Paraná, em setembro de 1976, à casa da minha mãe biológica em Ponta Grossa, onde, alguns meses depois, mesmo tendo sido aprovado no vestibular da Universidade Estadual de Ponta Grossa em Estudos Sociais, levado por alguns motivos de ordem familiar e outros, digamos, políticos, novamente fui instado a recomeçar tudo de novo.

Desembarquei em Belo Horizonte, no princípio do ano de 1977, final de fevereiro. Onde, com a mesma ânsia pela busca do saber e da cidadania e contando com a solidariedade de amigos ali conquistados e de outros incentivadores, fui galgando degraus. Entrei na Universidade Federal de Minas Gerais, contando com o apoio, para mim fundamental, da Fundação Mendes Pimentel de Belo Horizonte, onde estudei Filosofia, reoptando depois pelo estudo do Direito, curso que só vim a concluir anos mais tarde, 1985, na cidade de Varginha, sul de Minas Gerais. Isso depois de uma passagem de três anos pelo Amazonas, onde morei em Manaus e Tabatinga (como funcionário do Banco do Brasil), na beira do rio Solimões. Lá, onde índios, mestiços e negros, "todos pobres", como diria Caetano, viviam e, pelo que sei, ainda vivem a perversidade da falta de cidadania.

Seguindo em frente, acredito que a minha história foi o que me levou a participar ativamente, por mais de 15 anos, do Movimento Comunitário da cidade de Varginha e de algumas outras cidades da região do sul de Minas Gerais, pregando cidadania e participação popular. Nesse período fui presidente, durante cinco anos, de uma entidade não governamental denominada Plenária dos Conselhos Comunitários de Varginha, que congregava os Conselhos de bairros da cidade. Fui um dos fundadores e presidi também uma entidade de defesa e preservação do meio ambiente, a Associação Ecológica Vertente. Como representante de usuários do SUS, atuei por mais de sete anos no Conselho Municipal de Saúde de Varginha e fui seu presidente por duas gestões. Nele, junto com outros companheiros e companheiras, por meio de duas Conferências Municipais de Saúde (1993-1995), ambas com a maior participação popular já verificada na história das conferências desse gênero no município, praticamente deliberamos o que veio a ser a base do que é hoje o Sistema Público de Saúde do município de Varginha e que tem servido de referência para outros municípios brasileiros.

Além da atividade sindical, onde colaborei para a fundação de vários sindicatos de trabalhadores do município, incluindo o dos Bancários de Varginha, no qual fiz parte da primeira diretoria. Participei também como militante político, durante um tempo considerável (11 anos), no Partido dos Trabalhadores de Varginha, do qual fui um dos fundadores, sendo seu presidente municipal por sete anos, tempo em que também vim a participar do Diretório Estadual de Minas Gerais. Baseado nessa e em outras vivências do gênero, mesmo entendendo que a política substantivamente é um importante instrumento de exercício da cidadania, concluí que a atividade político-partidária no Brasil, devido a jogos de interesses não saudáveis e a seus vícios seculares, desqualifica a autoestima e a dignidade daqueles que apenas se pautam eticamente pelos interesses da maioria, posto que confere à cidadania um valor inferior àquele que essencialmente é da sua natureza.

Sobre a experiência das entidades comunitárias e não governamentais, apesar de saber das diversas dificuldades que esse tipo de organização enfrenta, mantenho e carrego comigo a convicção de que, principalmente, por meio da prática participativa consciente é que será possível realizar o ideal da democracia representativa e direta. Da mesma forma, creio também que a âncora fundamental a ser conquistada é a democratização do saber, pois é por intermédio dele que se chega à consciência de cidadania. Para aqueles que não acreditam nisso, apenas exponho meu testemunho concreto dessa luta, já que é impossível separar a luta pela sobrevivência e pela dignidade humana num país miseravelmente tão desigual como o nosso, da luta pelo saber, da luta pela condição de ser cidadão em toda a sua totalidade.

Ainda creio merecer destaque o fato de que atuei voluntariamente como psicoterapeuta e motivador durante mais de 15 anos, numa entidade de recuperação de dependentes de drogas e álcool onde desenvolvi um projeto de resgate da autoestima dos recuperandos com muito sucesso.

Creio ser perceptível que ainda há muita história para contar, o que futuramente pretendo fazer num livro autobiográfico. Os detalhes dessa trajetória, marcada por tentativas de suicídio (a primeira aos oito anos de idade); fugas do abrigo de menores apenas para comprar, no centro de Curitiba, livros e revistas usadas; o caminho das drogas e do alcoolismo; a vivência de ser andarilho; os tempos de fome e frio; a experiência amazônica (a realização do sonho de conhecer a floresta e, depois, a convivência com o medo de morrer nela); o exercício da advocacia e, depois de novos estudos, a opção pela área comportamental, a formação em psicanálise e outros métodos terapêuticos etc.

Concluo esta síntese expondo que ainda hoje reservo tempo para atuar voluntariamente, realizando palestras motivacionais, encontros e *workshops* para escolas e outras entidades beneficentes e sem fins lucrativos. Isso porque acredito que alguém como eu, "que viveu o que já vivi", tem o dever humanístico de compartilhar todo o conhecimento adquirido nessa trajetória. Não por algum aspecto de vaidade, mas pela esperança de que outros venham a despertar o "instituinte" ou "resiliente" que têm em si próprios e cuidem de somar forças nessa renhida luta pela cidadania humana e integral, tendo como base o resgate da autoestima.

*Trecho extraído e reescrito do livro *Cidadania, o direito de ser feliz*, de minha autoria, cuja terceira edição data do ano de 2008 e encontra-se esgotada.

SUMÁRIO

INTRODUÇÃO 27

PARTE 1
O QUE INFLUENCIA A AUTOESTIMA

I. A CULTURA DA AUTODESVALORIZAÇÃO 33

II. CAUSAS DA BAIXA AUTOESTIMA 38

III. O TRAUMA DO NASCIMENTO 41

IV. REJEIÇÃO PARENTAL 47

V. A INFLUÊNCIA DA EDUCAÇÃO 51

VI. EDUCAÇÃO CRÍTICA 53

VII. CONSIDERAÇÕES SOBRE PAIS CRÍTICOS 65

VIII. EDUCAÇÃO NUTRITIVA 69

IX. CONSIDERAÇÕES SOBRE PAIS NUTRITIVOS 74

X. EDUCANDO FILHOS COM AUTOESTIMA 76

XI. SISTEMA DE CRENÇAS LIMITADORAS 80

PARTE 2
O FOCO NA AUTOESTIMA

I. A ESSÊNCIA DO AMOR POR SI MESMO 86

II. UM SENTIMENTO INTERIOR 89

III. O VALOR DA AUTOESTIMA 93

IV. A MANIFESTAÇÃO DA AUTOESTIMA 95

V. O PRINCÍPIO DA AUTOACEITAÇÃO 97

VI. AUTOVALORIZAÇÃO 100

VII. AUTOCONFIANÇA 105

VIII. O RESPEITO POR SI MESMO 109

IX. SER AUTORRESPONSÁVEL 113

X. AFETIVIDADE E AUTOESTIMA 116

XI. A REPERCUSSÃO DA AUTOESTIMA 128

PARTE 3
TECENDO A TEIA DA
TRANSFORMAÇÃO EXISTENCIAL

I. DESAPRENDER PARA APRENDER 135

II. OBSERVAR A SI MESMO 137

III. AUTOCONHECIMENTO 140

IV. AUTOCONSCIÊNCIA E CONSCIÊNCIA 143

V. ESCOLHAS CONSCIENTES 148

VI. TEMPO E VIDA 153

VII. AUTOMERECIMENTO 157

VIII. PROATIVIDADE E AUTOESTIMA 159

IX. AUTOESTIMA E CIDADANIA 164

X. VÍCIOS E AUTOESTIMA 168

XI. AUTOESTIMA E ESPIRITUALIDADE 176

XII. TERAPIA DO RENASCIMENTO 180

A ESSENCIALIDADE DA AUTOESTIMA. 190

UMA HISTÓRIA PARA NÃO ESQUECER. 192

COMO SE FOSSE UM GLOSSÁRIO 198

REFERÊNCIAS 202

INTRODUÇÃO

A autoestima é a chave para entendermos a nós mesmos e os outros.

(Nathaniel Branden)

A autoestima é uma necessidade essencial para a vida humana, que se quer saudável e equilibrada. Por isso, independentemente do estágio existencial de cada indivíduo, é imprescindível aprender sempre mais sobre ela, para desenvolvê-la e aperfeiçoá-la, constantemente. Em sendo assim, o que sugiro, no decorrer deste livro, é uma leitura sem pressa e reflexiva, para que esta tarefa se torne motivadora e frutífera. Isto porque, para mudar, melhorar ou equilibrar a autoestima, é necessário ter claro que essa mudança acontece, primeiramente, no plano interno de cada indivíduo, "de dentro para fora", para, depois, transformar-se em novos hábitos e condutas com repercussões externas. O que, em outras palavras, significa dizer que, para apurar a autoestima, antes é preciso investir no autoconhecimento e no uso apropriado dos mecanismos mentais e de inteligência, para, assim, adotar novas e saudáveis posturas diante da vida e do universo que a contém.

Na primeira parte, além de chamar a atenção para fenômenos comportamentais — que nos afetam sobremaneira —, como a cultura da autodesvalorização e a banalização recorrente em voga na atualidade, trato também de elementos que considero como "predisposições" para a ausência de autoestima ou para que ela seja baixa — situações a que todos, em algum grau, estiveram ou estão sujeitos desde o início da sua vida.

Na segunda parte, além da definição de autoestima e dos seus principais componentes, discorro sobre o aprimoramento deles e das práticas que, se levadas a um bom termo, poderão resultar numa autoestima sadia e equilibrada.

Na terceira parte, reforço alguns princípios da autoestima, estabelecendo algumas pontes para o seu aprimoramento, conectando-a, objetivamente, a situações onde ela serve de referência e estímulo para condutas existenciais, saudáveis e evolutivas.

De modo geral, cada assunto retratado nesta obra está aberto a um aprofundamento maior. E mesmo aqueles conceitos com os quais, porventura, o leitor já tenha tido contato em outras leituras sobre o tema, são aqui tratados sob a ótica vivencial, ou seja, como os tenho experimentado em minha existência, assim como venho observando-os, profissionalmente, na vida de um número bastante significativo de clientes, nestes mais de 17 anos de prática terapêutica e motivacional.

Particularmente, já comprovei que a obtenção do conhecimento, por si só, não suscita, automaticamente, uma prática que corresponda a ele, ou seja, é inegável a distância que separa a teoria da prática. Daí que, em meu processo de aprendizado — que, de certo modo, embasa este livro —, muitas vezes, inverti esse caminho porque primeiro vivenciei para depois vir a reconhecer a teoria que validava a minha prática. Aliás, em se tratando de ideias, creio ser notório que ninguém é dono delas. Principalmente quando se referem a assuntos comportamentais, educacionais ou humanísticos.

Tudo bem! As ideias estão aí para serem divulgadas e compartilhadas. Nem tudo o que pensamos é verdadeiramente novo. É possível até que, neste preciso instante, em algum outro lugar do universo, alguém esteja pensando o mesmo que penso agora, tendo uma ideia absolutamente similar à minha. Dessa forma, seria muita prepotência alguém acreditar que só ele pensa desta ou daquela forma, já que, no *plano superior das ideias*, há um inesgotável e constante "vir a ser". Logo, viver é bastante simples. O complicado, talvez, seja compreender o ser humano e a visão desvirtuada que ele, em geral, tem de si mesmo e do universo do qual faz parte. Algo como diz a canção de Renato Teixeira[3]:

O maior mistério é haver mistérios.

Ai de mim, senhora natureza humana.

---

[3] **Renato Teixeira**, compositor e músico brasileiro, com uma vasta obra musical dedicada, por razões óbvias, ao resgate da autêntica música "caipira", denominada de raiz.

Olhar as coisas como são, quem dera!

E apreciar o simples que de tudo emana...

Além dos capítulos relacionados diretamente com o tema central aqui abordado, o leitor também encontrará, concomitantemente, abordagens sobre educação de filhos. Tema que acredito ser importante, não só para provocar uma reflexão analítica sobre o modo como a pessoa adulta foi educada, mas para, igualmente, servir como elemento de reflexão, tanto para aqueles que pretendem ser pais quanto os que já estão na fase de educar seus filhos. Isso porque entendo que é extremamente importante dar atenção à qualidade da educação que é repassada aos filhos, principalmente em seu aspecto afetivo-emocional, uma vez que esse é um elemento-chave na formação da autoestima deles e definidor dos sucessos ou fracassos que virão a experimentar em suas vidas.

Essa abordagem também visa contribuir para a melhoria da prática educativa de professores e educadores, em geral, em função de que estes também intervêm na educação de crianças, adolescentes e jovens.

Dedico também, na parte final desta obra, um breve capítulo para informar sobre o Renascimento. Para muitos, apenas uma técnica respiratória, mas que, em minha experiência terapêutica, acoplado a uma metodologia própria, tem demonstrado uma significativa amplitude na obtenção de resultados eficientes, no cuidado de estados depressivos, ansiedade, estresse, traumas, bloqueios emocionais e fobias, como a síndrome do pânico e outros tantos desconfortos.

Principalmente a partir da segunda parte deste livro, apesar de os capítulos obedecerem a certa ordem sequencial, alguns deles, às vezes, trazem um tema, em si mesmos, podendo ser lidos e analisados, de modo destacado e singular, como se fossem artigos. Que este livro lhe inspire ações transformadoras!

Desconstruir para construir

Caminhos bons existem.
Mas, às vezes, preferimos os atalhos,
na esperança de chegar mais depressa.

(Willes)

Na vida exterior, às vezes, é necessário pôr a casa abaixo para reconstruí-la em bases mais fortes, para suportar as intempéries. Feito isso, abrigamo-nos com mais segurança e desfrutamos de maior conforto. Assim também é com a nossa casa interior. Se nos sentimos inseguros dentro dela, se somos alvo do medo, da apreensão, da frustração, enfim, se nos sentimos desconfortáveis conosco, é sinal de que algo não está bem em nossa estrutura, naquilo que nos mantém ou fortalece. Então, é nesse momento que necessitamos parar e avaliar como, verdadeiramente, estamos interiormente. É chegada a hora de fazermos, a nós mesmos, determinadas indagações acerca dos valores, princípios ou crenças que têm norteado a nossa jornada existencial.

Caminhos bons existem. Mas, às vezes, preferimos os atalhos na esperança de chegarmos mais depressa. Porém, ante o inesperado da desconhecida trilha, são esses mesmos atalhos que, muitas vezes, fazem com que nos percamos de nós e da própria vida, algumas vezes, numa passagem de ida sem volta. É fácil culpar o imprevisível ou aos outros pelas nossas quedas e fracassos. O mais difícil talvez seja responsabilizarmo-nos pelas nossas próprias escolhas ou, no mínimo, termos a humildade de reconhecer nossos desacertos.

Desconstruir-se, então, significa revelar-se, por inteiro, a si mesmo para, conscientemente e com presteza, iniciar um processo de eliminação e desapego de tudo quanto foi apreendido de negativo, em seu modelo vivencial e comportamental. Para muitos, pode até ser penoso desligar-se de antigas crenças, vícios, deficiências, medos, ilusões e valores inapropriados, mas não há outro caminho, que não seja este, para pôr fim ao que causa sofrimento, inadequação ou frustrações, que comprometam o equilíbrio e o bem-estar desejado. O verdadeiro e profundo "transformar-se" passa, decisivamente, por esta singular e extraordinária vivência interior de superação de si mesmo, já que é nesse alojamento particular que reside a base de conduta de toda criatura.

Feito isso, inicia-se uma nova construção da vida, baseada em posturas seletivamente conscientes, produtivas e saudáveis, onde a humildade em aprender a cada dia e a perseverança devem direcionar os fazeres de forma progressiva e constante. E, nesse "construir de novo", há de existir espaço, não só para as realizações do corpo e da materialidade, posto que haja de se pensar em alimentar o espírito e tudo quanto seja igualmente proveitoso e motivador para aqueles que se encontram à sua volta, às vezes, esperançosos por uma luz, que também os desperte para um novo, saudável e prazeroso modo de viver.

Em síntese, este texto de abertura é como se fosse uma prévia definição da destinação deste livro, que é, ao mesmo tempo, um convite e uma contribuição para aquelas pessoas que, com muita coragem e persistência, desejam edificar conscientemente sua "nova casa", sua nova vida.

Parte 1

O QUE INFLUENCIA A AUTOESTIMA

Na busca por uma autoestima saudável e elevada, antes de procurarmos o novo, que devemos aprender, faz-se necessário que compreendamos o velho, que devemos desaprender.

Capítulo I

A CULTURA DA AUTODESVALORIZAÇÃO

*O homem é o único animal
a sentir pena de si mesmo.*

(D. H. Lawrence)

Depois de muito observar a realidade, nua e crua, do modo de viver dominante, sinto-me à vontade para dizer que grande parte dos indivíduos foram ou são educados dentro de um formato que não os prepara para viverem com autonomia e serem bem-sucedidos, plenamente, na vida. Sob a influência desse *padrão* limitador, registrado em nível de subconsciente ou de inconsciente, o sucesso, a realização pessoal e outras conquistas de igual ou maior quilate — inclusive as coletivas — tornam-se, praticamente, inatingíveis para uma grande gama de pessoas. E o que resulta disso, entre outras dificuldades, é o conformismo, a falta de reatividade diante dos desafios, que são inerentes à própria existência humana.

Em minha infância e adolescência, ouvi, e hoje ainda ouço de pais que, a priori, deveriam estimular positivamente seus filhos, frases do tipo: "viver bem não é pra gente como nós; filho de pobre nasce pobre e morre pobre; só consegue um bom emprego quem é apadrinhado; vida boa é para poucos; só vence quem tem *sorte* na vida" etc. Escutei, também, quando adolescente, que estudar numa universidade era só para filhos de pais ricos: "...e depois, vai estudar muito pra quê? Para ser operário, não precisa estudo." Num abrigo de menores, no qual passei muitos anos, ouvi de um inspetor: "pobre só fica rico se roubar". Dizia meu padrasto: "esse nunca vai ser alguém na vida... ainda vai virar bandido". Em síntese, "aprende-se", praticamente, desde o nascimento, que a vida é sofrimento, que tudo é difícil e que os obstáculos são, praticamente, intransponíveis; que não vale a pena tentar mudar nada, que sempre foi assim e sempre será. Desde tempos imemoriais, são tantos os preconceitos a regerem a vida das pessoas, que a maioria só consegue vê-la como um labirinto farto em dificuldades.

É esse processo deseducativo, com nuanças manipulativas e incapacitantes, o gerador de muitos medos, registrados na mente subconsciente do indivíduo. Desde o medo, aparentemente infantil, do *bicho-papão*, passando, entre outros, pelo medo do castigo divino, pelo medo de ousar, de adoecer ou de morrer. A pessoa é levada a crer que vale muito pouco e que está fadada, inevitavelmente, à infelicidade, salvo se tiver alguma sorte na vida. Então, sob a influência de toda essa "bagagem" negativa, torna-se fácil, para ela, acreditar e moldar sua existência, de forma que essas "sentenças" contraproducentes e limitadoras se concretizem.

Em razão disso, minha constatação é de que, salvo raras exceções, essa herança, indelével e perversa, contribuiu, em muito, no passado e contribui, ainda, no presente, para que um número considerável de pessoas não saiba demonstrar amor por si mesmo nem pelos outros. Essa influência serve-lhes, do mesmo modo, para que se vejam destituídos de qualidades e sintam-se fracos, inseguros, acomodados, pouco criativos e sem a coragem necessária para superar dificuldades. E o que resta, então, na maioria das vezes, é o sentimento ou a sensação de que não há muito a fazer para mudar a sua trajetória. Sendo assim, amparada nessa "crença" autodesmotivadora, só resta a essa grande massa cumprir, como dizem alguns, o seu destino, "carregar a sua cruz", o seu "fardo".

Nos dias atuais, o panorama narrado não mudou muito, pois são poucos os pais que educam seus filhos estimulando-os para uma vida de autorrealização, para uma existência onde a habilidade de ser feliz possa ser exercitada sem medo ou preconceitos. Talvez porque eles mesmos, os pais, tenham acumulado mais frustrações que sucessos durante a vida, ou porque, conservadoramente (ou irresponsavelmente), prefiram apenas transmitir o modelo defeituoso, tal como herdaram, ou, ainda, porque não se permitem admitir a necessidade, urgente, de reverem seus valores e condutas, assumindo um novo modo de viver e educar os filhos.

É algo para pensar e agir. Infelizmente o "jogo da manipulação" continua... Além dos castigos morais ou físicos e dos medos, por vezes, traumáticos, usados, inadequadamente, para impor limites, foram acrescentados a esse perverso cabedal outros "dispositivos deseducativos", tais como a televisão — com suas programações pseudoeducativas —, usada, também, como instrumento de substituição à presença dos pais. Um aparato de novidades tecnológicas, como os videogames, jogos de computadores, telefone celular, internet e outras bugigangas, tem servido, também, como moeda de troca para performances escolares duvidosas ou falsas máscaras de obediência e aceitação.

Uma "educação de plástico", sem valores éticos que proporcionem, pelo menos, algum estímulo marcante para uma vida mais inclusiva e equilibrada. E o que resulta dessa prática é que, além da baixa autoestima, cuja consequência é o empecilho em sentirem-se competentes para realizarem-se de modo satisfatório, os indivíduos criados sob "ela" têm, ainda, dificuldade em relacionar-se afetivamente e de entender e aceitar o sucesso ou realização dos outros.

Nesse último aspecto, o que observamos, por exemplo, é que, quando alguém consegue se superar e conquistar algo melhor ou alguma posição de destaque em sua vida, logo o seu caráter, a sua competência e honestidade são colocados em dúvida. A conclusão é que, num universo onde a baixa autoestima impera, o sucesso alheio incomoda aqueles que não têm ou não tiveram capacidade para conquistá-lo. É mais fácil invejar e desqualificar o outro do que perseguir os seus sonhos, do que perseverar na busca de um objetivo mais elevado. E isso se deve à falta de valor que a própria pessoa dispensa a si mesma.

A maioria adota, cegamente, as *sentenças assimiladas*, às vezes desde a infância, como já mencionei. Sem lutar para vencer suas limitações, por entenderem que não vale a pena fazê-lo, concluem alguns, lamentosamente, que "a vida é assim mesmo", como a querer justificar seus fracassos. Outros preferem agarrar-se à ideia de que são azarados: *só vence na vida, quem tem sorte*. Até algumas ideias religiosas são interpretadas de maneira equivocada, na busca de amparar esse fatalismo negativo: "Deus é quem quer assim". É possível, ainda, que essa "cultura da autodesvalorização" esteja entranhada nas premissas da ideologia de dominação social, posto que, historicamente, as chamadas "elites ou oligarquias" econômicas, sociais e, até mesmo, religiosas trataram de disseminar e manter a ideia de que alguns não são tão iguais quanto aos outros, perpetuando, assim, o entendimento de que sempre existiram os superiores e os inferiores; "os que mandam e os que obedecem".

Diante desse quadro, a "boa notícia" é que é possível reagir e desaprender esse modelo de autodesvalorização e, a partir daí, redefinir e desenvolver uma nova postura diante da vida e de tudo quanto lhe seja complexo e desafiador. Prova disso, sem nenhuma nuança de vaidade, é o meu exemplo pessoal. Nasci sob o "efeito" da rejeição paterna e, logo a seguir, com um ano e meio de idade, fui abandonado, também, pela minha mãe. Adotado, vivi com uma família de poucos recursos até os sete anos de idade, ocasião em que minha mãe biológica reapareceu e levou-me com ela, colocando-me à mercê de um padrasto que me crivou de maus-tratos e espancamentos, durante quase um ano. Por força disso, fugi inúmeras vezes da casa materna e, por consequência, vivi de 8 até quase 18 anos de idade, entre a rua e instituições para crianças órfãs ou abandonadas.

Desde então, minha trajetória foi marcada por muitas *lutas*. Em primeiro lugar, pela sobrevivência propriamente dita; depois, pela conquista do meu espaço no mundo e de uma vida com a dignidade, o que minha autoestima sempre me fez acreditar que eu merecia. Passei fome, frio, e tantas outras intempéries, mas soube aprender com essas experiências. E, mesmo quando percorri o quase inevitável descaminho dos vícios, como álcool e outras drogas, o que prevaleceu foi minha autodeterminação e a vontade de superar esses obstáculos e retomar o que chamo de minha rota evolutiva.

Se não fui amado o suficiente pelos meus pais, não transformei essa ocorrência em justificativa para todos os meus fracassos; pelo contrário, criei a certeza de que poderia superar essa amarga carência, demonstrando mais amor por mim mesmo, a cada instante e a cada novo "confronto existencial". Se, também, durante um largo período, driblei a delinquência, devo isso aos bons valores aprendidos na convivência com a minha família adotiva e a alguns preceitos assimilados no educandário religioso, onde permaneci internado de 8 a 13 anos de idade, em Curitiba, cidade onde passei minha infância, adolescência e parte da minha vida adulta. Persistência e determinação foram e continuam sendo minhas mais poderosas *armas*, ante qualquer desafio neste que classifico como "o bom combate" da vida.

Sei que outras pessoas, em circunstâncias diferenciadas e, às vezes, mais dramáticas que as minhas, também conseguiram e têm conseguido superar esse modelo que classifico como cruel. E independentemente do nome que tenham dado àquilo que as motivou a tornarem-se vencedoras, tenho a certeza de que aí esteve presente um quê de autoestima, pois se trata de um "recurso ou ferramenta" imprescindível para a sobrevivência humana.

Voltando à "cultura da autodesvalorização", creio que não cabem, aqui, análises sociológicas ou antropológicas para embasar essa minha concepção, porque a realidade à nossa volta, com toda a sua crueza, demonstra, a todo tempo, o quanto isso é verdadeiro. A questão fundamental que proponho é uma reflexão que colabore para a construção de um paradigma de autovalorização pessoal, partindo do princípio de que todos têm qualidades, competências e aptidões, não apenas deficiências ou limites. Portanto, independentemente de que o modo aplicado à educação do indivíduo não tenha sido o mais adequado, vale saber que as possibilidades para aprender a confrontar seus medos, inseguranças, deficiências, desconfortos, inadequações ou propensões negativas, estão disponíveis para serem acessadas. Sabendo, previamente, que tudo dependerá do grau de motivação de cada um em investir no desenvolvimento contínuo da sua autoestima e, assim, abrir-se, sem reservas, a um viver consciente e às oportunidades, admiráveis, nele contida.

Capítulo II

CAUSAS DA BAIXA AUTOESTIMA

*Conhece-te a ti mesmo,
torna-te consciente de tua ignorância
e serás sábio.*

(Sócrates)

Saber o porquê de cada fenômeno que ocorre em nossa existência é fundamental, para que aprendamos a viver de maneira consciente e equilibrada, emocionalmente. Talvez isso explique o motivo pelo qual, ao abordar a autoestima em minhas atividades motivacionais e terapêuticas, a pergunta que mais tenho ouvido seja a seguinte: "por que minha autoestima é baixa?" Vem daí, então, a razão de escrever este e outros capítulos que se desdobram para — sem determinismos vãos ou reducionismos estreitos — dar resposta a essa questão, que reconheço ser importante para um número considerável de pessoas que procuram a transformação pessoal.

Assim como propor uma definição substantiva e exata da autoestima é uma tarefa que demanda esmero, definir as causas da sua ausência ou do seu desequilíbrio também requer muito estudo, observação e acuidade. E isso ocorre por não haver um consenso entre os estudiosos do assunto, que, a meu ver, têm *preferido* não se ater às suas fontes e explicá-la de maneira reducionista, apenas pelos seus efeitos ou por algum dos elementos que a compõem.

De minha parte, amparado em minha ampla experiência e saberes, creio que o termo mais coerente a ser usado para tratar desta questão é o de "predisposições", pois, sem sombra de dúvida, elas influenciam sobremaneira a autoestima em sua origem e tudo o que dela procede. Desse modo, tanto no que se relaciona com a autoestima em si quanto a outros variados desconfortos existenciais e emocionais, agravados ou originados pela sua falta, não há como ignorar a existência de um nexo causal, psíquico, antecedente. Isto é, que haja um ou mais elementos que "atuam", a priori, na sua formação. É possível, ainda, que predisposições de caráter genético, hereditário ou bioquímico também tenham influência em seu conteúdo, mas, como não estou categorizado para falar do assunto, sob esse prisma, fixo-me, apenas, nos seus aspectos psicoemocionais.

Um dado que também deve ser considerado no contexto desta abordagem é o fato de que alguns profissionais e estudiosos do comportamento humano ou da área médica têm dado um enfoque secundário à autoestima, colocando-a num patamar de sintoma, principalmente quando se referem, por exemplo, a *ocorrências* como depressão, estresse ou ansiedade. O que, a meu ver, traz, em si, um equívoco, pois, no exercício da prática analítico-terapêutica, tenho observado que, em diversas situações, a falta de autoestima é um estado que, em muito, contribui para a origem ou potencialização desses desconfortos.

Para melhor esclarecer essa opinião, cito, sucintamente, um singular exemplo: Carlos, desde o seu nascimento, foi rejeitado pelo pai em virtude de este ter desejado uma filha mulher. Em razão dessa falta afetiva, ele desenvolveu uma visão negativa de si mesmo, nunca se achando em condições de realizar algo que fosse mais elevado e prazeroso, principalmente porque temia o julgamento alheio. Pesava sobre ele a desaprovação paterna e, por consequência, a dos demais. Era como se ele raciocinasse da seguinte forma:

— Se não sou aceito por meu pai, como vou ser aceito pelos outros?

Na verdade, sempre que ele tinha de confrontar algum obstáculo que lhe exigia maior grau de autoconfiança ou arrojo, sentia-se sem coragem e ficava deprimido. A *interpretação* inicial dada por profissionais médicos e psicólogos que o atenderam por algum tempo, foi de que a depressão era o que lhe causava a baixa autoestima. Eu, quando o caso me foi entregue, fiz uma leitura inversa: a falta de autoestima, oriunda das causas já mencionadas, é que suscitava nele o sentimento de incapacidade, que o levava à depressão. E, assim, passei a focar a reconstrução da sua autoestima, como objeto da terapia, e, por meio de um trabalho de reparentalização feito, principalmente em relação ao pai que o havia rejeitado, foi possível nutrir e dar qualidade ao seu padrão afetivo, resgatando, gradativamente, sua autoestima e, consequentemente, solucionando sua depressão.

Então, sob a perspectiva de que a autoestima, em desequilíbrio, pode ser geradora de desconfortos ou transtornos emocionais em vez de sintoma deles, me proponho a discorrer, a seguir, sobre alguns elementos que considero como predisposições para a baixa autoestima ou para a sua ausência, propriamente dita. Alguns, por influenciarem-na diretamente, condicionando a base de sua formação ou sustentação, outros por, circunstancialmente, gerarem situações que interferem, negativamente, em sua dinâmica. Entre eles destaco o Trauma do Nascimento, a Rejeição Parental, a Educação e o Sistema de Crenças Limitadoras (SCL).

Capítulo III

O TRAUMA DO NASCIMENTO

A criança sabe de tudo.
Sente tudo. Vê até o fundo do coração.

(F. Leboyer)

Na busca de explicações, plausíveis, para as causas da baixa ou falta de autoestima, tenho observado que pessoas que tiveram uma gestação ou um parto difícil, ou que, ainda no útero materno, sofreram algum tipo de rejeição têm maior predisposição para sentirem-se desconfortáveis na vida. Por possuírem baixa autoestima, adoecem e deprimem-se com maior facilidade; são ansiosas, e estão propensas a desenvolver fobias, como transtorno do medo e outras ocorrências assemelhadas. É quase inegável que a maneira como a pessoa foi gerada, nasceu e foi criada afeta a sua existência e o modo como se relaciona consigo mesma, com os outros ou com o "mundo" ao seu redor.

Um exemplo foi o caso de um cliente, de nome José, cujo pai era alcoólatra e maltratava sua mãe. Segundo seu relato, a mãe contou-lhe que, por força do ambiente tempestuoso em que vivia, durante sua gestação, por muitas vezes ela desejou abortar, pois entendia que: "sofrimento por sofrimento, já bastava o dela". Assim, ele foi gestado num clima de insegurança e sua vida intrauterina foi marcada pelo desconforto, o mesmo acontecendo durante o seu parto, que foi muito difícil e traumático. Devido a esses fatores, José cresceu e viveu até os 25 anos, tendo muita dificuldade para situar-se na vida. Tinha constantes sensações de medo e, quando tinha que enfrentar alguma dificuldade, como, por exemplo, uma prova na escola, alternava entre momentos de grande ansiedade e outros de profunda depressão. Contou-me que, nesses momentos, tinha sempre a sensação de que iria morrer, faltava-lhe a respiração e a angústia era muito grande.

Submetido a sessões de Renascimento[4] , trouxe à tona a memória de quando estava no útero de sua mãe. Lá, segundo sua narrativa, sentia muito medo e, quando "visualizou" seu nascimento, esse medo aumentou, assustadoramente. "Era como se eu preferisse ficar quietinho, no útero da minha mãe, para sempre", contou ele. Depois de várias sessões, onde "venceu o medo de nascer", foi verificando que, no seu dia a dia, sentia-se com mais coragem para viver. Passou a valorizar, sobremaneira, cada instante da sua vida, tornando-se uma pessoa alegre, bem humorada e extrovertida. Sentiu aumentar a sua autoconfiança e, com algum esforço, voltou a estudar. Hoje, após um processo de reconstrução da sua autoestima, redefiniu sua relação com o pai, tornou-se um profissional bem-sucedido no campo da informática, casou-se, tem um filho e vive bem.

Como não há mecanismos para descrever — com precisão — o que sente uma criança, enquanto habita o útero materno, numa situação de rejeição, só nos resta imaginar, vivenciando a situação e os tipos de pensamentos que poderíamos vir a ter, como, por exemplo: "não sou amado pelos meus pais"; "melhor seria não nascer"; "tenho medo de viver"; "viver é sofrer".

Ao analisar o nascimento sob a ótica da criatura que nasce, entendo que, mesmo que ele ocorra em condições consideradas adequadas, ainda assim, produz uma alta dose de desconforto. Para ampliar a ideia desse fenômeno, chamo atenção para o que diz Frédérick Leboyer[5], médico obstetra francês, em sua obra *Nascer sorrindo*:

> O que faz o horror do nascimento é a intensidade, a amplitude da experiência, sua variedade, sua riqueza sufocante. Já dissemos que se acredita que um recém--nascido não sente nada. Ele sente tudo. Tudo totalmente, sem escolha, sem filtro, sem discriminação. A quantidade de sensações que assola o nascimento ultrapassa tudo o que podemos imaginar. É uma experiência sensorial tão vasta que não podemos nem mesmo concebê-la (1974, p. 30-31).

---

[4] Ler na Parte 3, Capítulo XII, sobre a terapia do Renascimento.

[5] **Frédérick Leboyer**, médico obstetra francês, nascido em 1918, é criador do método denominado "Parto sem Dor", autor do livro *Nascer sorrindo*, cujo título traduzido literalmente do francês seria "Por um nascimento sem violência".

Então, nesse contexto, quando classifico o trauma do nascimento como uma ocorrência geradora de predisposição para a baixa autoestima, faço-o pela compreensão de que o trauma adquirido ao nascer, quando não *desintegrado*, permanece no inconsciente do indivíduo, influenciando o seu *modo* de interagir com o mundo à sua volta. Essa conclusão, inclusive, é respaldada por Otto Rank[6], psicanalista contemporâneo de Freud, que afirmou serem as circunstâncias do nascimento profundamente gravadas na psique do bebê e suscetíveis de reaparecer, mesmo que de forma simbólica, em pacientes com distúrbios psíquicos.

Abordagem assemelhada tem Leonard Orr, psicoterapeuta norte-americano, percursor do Renascimento, que, ao abordar o trauma do nascimento como "um dos fatores dominantes do inconsciente, que causam infelicidade", no livro de sua autoria *Rebirthing in the New Age* (*Renascimento na Nova Era*), afirma:

> Algumas pessoas cujas dores do nascimento foram bastante pronunciadas, literalmente vivem o resto de suas vidas se desculpando pela própria existência. Provavelmente 90 por cento dos nossos medos são originados do trauma do nascimento. Impaciência, hostilidade e suscetibilidade para doenças e acidentes podem às vezes ser traçadas com o trauma do nascimento (Orr; Ray, 1997, p. 102).

Portanto, não causa espanto que, devido às impressões negativas adquiridas sob os efeitos desse trauma, muitos indivíduos se autocondicionem a um sistema *de autodepreciação* que, por vezes, se traduz em sentenças de conduta do tipo: "a vida é um eterno sofrimento"; "nunca alcançarei aquilo que sonho"; "existe algo de errado comigo"; "ninguém me ama de verdade"; "não há prazer sem sofrimento"; "mudar é difícil e perigoso" etc.

Sob a luz do bom senso, não há como desqualificar o trauma do nascimento como fato gerador de predisposições, de toda ordem, na existência de qualquer indivíduo. O que falta, no entanto, é um

---

[6] **Otto Rank** (1884-1939), austríaco, psicanalista, professor e escritor. Foi colaborador muito próximo de Freud por mais de vinte anos. Estudioso da psicanálise contribuiu em muito para a sua expansão. Entre as suas obras está o livro *Trauma do nascimento*, publicado em inglês em 1929. Para Rank, o trauma do nascimento era elemento muito mais importante do que o conflito edipiano de Freud, daí o rompimento entre eles.

estudo mais abalizado deste que considero um momento de grande significado no existir humano. Pensemos no que diz Leboyer, na obra já citada:

> Os sentidos do recém-nascido funcionam, e como! Possuem toda a acuidade e o frescor da juventude. O que são nossos sentidos e sensações comparados aos da criança? E as sensações do nascimento tornam-se ainda mais fortes pelo contraste com o que foi vivido antes. Os sentidos funcionavam bem antes de a criança estar entre nós, no nosso mundo. Sem dúvida, as sensações ainda não são organizadas em percepções ligadas umas às outras, equilibradas. O que as faz ainda mais fortes, intoleráveis e aflitivas (1994, p. 31).

Breves considerações sobre gestação e parto

Considerando a gestação e o nascimento como elementos definidores de diversos traços da vida do indivíduo, creio que ambas as situações devam ser tratadas de modo mais qualificado do que o habitual, nos tempos de hoje.

Cada vez mais, a preocupação estética da mãe, antes e depois do parto, tem merecido maior atenção do que o evento em si. Além do que, a forma do parto, na maioria das vezes, tem sido decidida mais por aspectos puramente técnicos, econômicos ou outros — desprovidos de sentido lógico — do que pelas condições que seriam menos traumatizantes e mais prazerosas para o nascituro.

O parto — visto pelo lado da medicina tradicional — traz em seu conteúdo todo um acervo de recomendações e técnicas que eu diria serem puramente frias e destituídas de sensibilidade. Tal como a cesariana, que nada mais é do que um procedimento técnico-cirúrgico, propriamente dito, onde o centro da atenção, quase que exclusivamente, é a parturiente, quando, a meu ver, em nenhum momento deveriam ser ignorados os efeitos psicoemocionais desse procedimento para com a criatura que está por nascer, ou seja, o foco do parto deveria ser igualmente voltado tanto para a mãe quanto para o filho.

Houve um tempo em que o parto natural era, por assim dizer, a regra. A cesariana era uma exceção. Atualmente, o quadro é inverso:

o parto natural é que é a exceção. O Brasil, segundo pesquisas, é o campeão do mundo em cesarianas. O índice de cesarianas é quase três vezes maior que o recomendado pela Organização Mundial de Saúde (OMS). De acordo com os dados da última pesquisa efetuada no país, na rede pública 43% dos partos são cesarianas; na rede particular, esse número chega a 80%, enquanto o recomendado pela OMS deveria, no geral, situar-se entre 5 e 15%, já incluídos os de alto risco. Esse quadro deve-se à falta de conhecimento e preparo da gestante para decidir o seu parto, aos médicos e ao sistema hospitalar.

O médico obstetra Carlos Eduardo Czeresnia, do Hospital Albert Einstein — São Paulo —, em declaração feita à Revista *Superinteressante*, já há algum tempo, falou que os médicos indicam a cirurgia por medo de processos, ou seja, a cesárea tornaria o obstetra mais defensável — se algo desse errado —, por ele se ater a rígidos procedimentos operatórios: "Por isso, o médico começa a criar medos na cabeça da gestante, dar razões esdrúxulas pra fazer uma cesárea", afirmou. Além disso, existem "conveniências" impróprias e interesses de ordem econômica a reger os partos.

Como se vê, no momento mais impactante da vida do indivíduo — seja em sua dimensão física ou extrafísica —, que é o seu nascimento, nem sempre pais e obstetras estão conscientes dos efeitos que esse pequeno lapso de tempo significa ou virá a significar para a totalidade dessa nova existência. Estão mais ensimesmados, "egoisticamente", em suas próprias contradições existenciais, em seus medos e desejos, do que preparados para celebrar esse augusto momento com amor e afeto, resultando daí muitas sequelas emocionais, cujas consequências só o tempo dirá quais serão.

Em terapia, são inúmeros os casos, comprovados, de pessoas que tiveram problemas em sua gestação, ou ao nascer, e que vieram a desenvolver alguma patologia ou desconforto emocional, entre eles: baixa autoestima, depressão, fobias e baixa imunidade corporal.

Observo que, em algumas ocasiões, instituições médicas ou assemelhadas têm promovido cursos ou seminários destinados a mães gestantes, o que considero louvável. Porém, percebo que o centro de tais eventos são apenas as gestantes, faltando dar a devida atenção à criatura que está sendo gestada. Atêm-se muito sobre os aspectos biofísicos, e esquecem-se do preparo psicológico de pais e mães, quanto ao nascituro: como tratá-lo e estimulá-lo, no que se refere à necessidade da qualidade da atenção afetiva, que deve ser suprida por eles. Então, diante dessa perspectiva, creio serem necessários cuidados e práticas, tais como ensinar às mães a trabalharem suas ansiedades e tensões de modo natural, por meio da meditação, do relaxamento ou *yoga*, por exemplo. Buscar a harmonia no lar, conversar com suavidade — com quem está para nascer, ainda no útero —, tecendo-lhe palavras amorosas, elogiosas e de boa aceitação. E, depois de nascido, aprimorar cuidados, que vão além dos básicos necessários, como toques, massagens etc.

Uma técnica de massagem para bebês muito recomendada é a *Shantala*[7] , que foi muito difundida no Ocidente pelo médico obstetra francês Frédérick Leboyer, que a "descobriu" em Calcutá, numa das suas viagens à Índia. Enfim, para encerrar este capítulo, recomendo principalmente às mães, o livro sobre esta que Leboyer chama de Arte Tradicional de Massagens para Bebês, onde ele declara, com muito ímpeto: "Sim, os bebês têm necessidade de leite. Mas muito mais de serem amados [...] serem levados, embalados, acariciados, pegos, massageados, constitui para os bebês, alimentos tão indis-pensáveis, senão mais do que vitaminas, sais minerais e proteínas" (1995, p. 23).

---

[7] *Shantala* foi o nome dado a essa *"Arte Tradicional de Massagem para Bebês"*, em homenagem à mulher paralítica que Frédérick Leboyer viu, pela primeira vez, em Calcutá, na Índia, massageando o seu bebê. Nome também dado ao livro escrito e ilustrado por ele. No Brasil, editado pela Editora Ground.

Capítulo IV

REJEIÇÃO PARENTAL

*Nossos pais são apenas
os pais possíveis...*

(Willes)

A rejeição parental é outra ocorrência que considero como elemento de predisposição para a baixa autoestima, bem como de outros desconfortos existenciais, já citados, como: medo, ansiedade, depressão etc. O adjetivo "parental" deve ser entendido, aqui, como referente a pais ou seus "substitutos", ou seja, além dos pais, pessoas que, principalmente durante a infância e adolescência, ocupem o lugar deles, tanto nos cuidados quanto na educação.

Nesse rol cabem, entre outros, os avôs, tios, padrinhos, babás, professores e, até mesmo, pessoas responsáveis pelo ensino religioso. Aliás, vale chamar a atenção dos pais para a escolha de babás ou empregadas que venham a cuidar da criança, nos primeiros anos da infância, uma vez que, a depender do tempo que passam com a criança, podem vir a influir, cabalmente, em seu desenvolvimento psicoemocional. Na verdade, qualquer pessoa que venha a substituir os pais, no período que vai de 0 a 8 anos, aproximadamente, pode vir a influenciar a formação da personalidade da criança, de modo positivo ou negativo. Todo cuidado é pouco, inclusive com a televisão, comumente denominada de a "babá eletrônica".

A princípio, a "rejeição parental" poderá ter sua origem no período gestacional, mas, ela só será sentida, em toda a sua extensão, após o nascimento, pois a partir daí é que a criança irá vivenciá-la de modo objetivo e sofrer seus efeitos. Inicialmente, poderá sentir a rejeição por meio da interpretação subliminar de diversas ações dos pais ou substitutos ou, como descreve a Análise Transacional , por meio de "mandatos verbais ou não verbais, que são interpretados pela criança como ordem de conduta". Por exemplo: quando eles, pais ou substitutos, deixam a criança sozinha, constantemente — ou não atendem suas necessidades básicas, como alimentação e higiene etc. —, ela poderá sentir e interpretar esse abandono como:

— Eles não gostam de mim, eles não me querem.

Quando a criança é ridicularizada ou desqualificada quando exterioriza suas emoções:

— Eles não querem que eu sinta, eu não posso expressar minhas emoções.

Desse modo, o sentimento de não ser aceito ou de não poder expressar-se, emocionalmente, irá integrar a formação do seu roteiro ou argumento de vida, o que, conforme definição de Eric Berne, precursor da Análise Transacional, é "uma programação concebida na infância, baseada nas influências parentais, e logo esquecida ou reprimida, mas que continuará com seus efeitos a influenciar a vida da pessoa".

Além do abandono, propriamente dito, muitas outras atitudes, não só dos pais, podem ser interpretadas pela criança como elemento de rejeição, seja no contexto da educação familiar, escolar, religiosa ou social. Entre essas ações, destaco apenas duas, para tornar clara essa ocorrência e alertar para os danos que elas podem causar à formação da autoestima da criança:

a) Falta de atenção — Crianças que, em sua infância, não obtêm atenção nos momentos em que mais necessitam da presença dos pais, sentem-se rejeitadas ou desqualificadas, daí o sentimento de que não são aceitas nem são importantes para os pais. Em razão disso, estarão propensas a buscar a atenção que lhes falta por meio de atitudes, contraproducentes, de rebeldia, agressividade, ou, por exemplo, por feitos autodestrutivos, como ferirem-se ou, até mesmo, simularem doenças. O que, feito frequentemente, poderá tornar-se um comportamento contumaz, com graves consequências na adolescência e na vida adulta, onde elas poderão, com facilidade, enveredar pelos descaminhos de outras condutas inadequadas, dos vícios e da própria delinquência.

Nesse contexto, a título de exemplo, convém citar um hábito muito em voga nos dias de hoje, seja para remediar "a tal da falta de tempo", usada pelos pais como desculpa para justificar a ausência na vida dos filhos, ou para "livrar-se deles", mesmo. Principalmente a partir de famílias de classe média, instituiu-se o que, na falta de um nome mais adequado, chamo de "abandono doméstico", onde os pais, para "desencargo de consciência", destinam um quarto para o filho e, lá, instalam todo tipo de parafernália eletrônica, tais como videogame, computador com acesso à internet, televisão etc. E o que acontece é que, mesmo em casa, ele passa mais tempo sozinho do que na companhia dos pais.

O quarto passa a ser o seu abrigo, seu isolamento e dali ele estabelece sua rede de contatos — via internet ou celular —, e os pais, na maioria das vezes, desconhecem seus amigos ou com quem ele se relaciona. Daí a surpresa quando o descobrem praticando delitos na escola ou em outro local. O trágico e irresponsável nessa conduta é que muitos pais, quando "livres" para se ensimesmarem em frente à televisão ou outros afazeres e distrações, ainda se vangloriam deste feito. E quando se referem ao filho, em "abandono no quarto", costumam dizer:

— Ele não nos incomoda. Nem parece que temos criança em casa!

b) Comparação — Pais, familiares e professores[8], às vezes, acreditam que comparar uma criança a outra é uma forma de motivação. Ledo engano. Aquela que é comparada, negativamente, sente-se rejeitada "por não cumprir as expectativas que esperam dela" e, com base nessa frustração, igualmente, poderá desenvolver, entre outros sentimentos, o de inferioridade ou inadequação. E mais: com a finalidade de obter o afeto e a aceitação de que necessita, poderá sentir-se na obrigação de "ser perfeita", o que, com o tempo, lhe acarretará outros desconfortos.

No caso de comparação entre irmãos, por exemplo, ela provoca danos psicológicos para os dois: um por sentir-se rejeitado, inferiorizado e outro por ter que se desdobrar, compulsivamente, para não decepcionar os pais. Inúmeros exemplos desse tipo de problema ilustram meu arquivo de clientes. Lembro até que, em um

---

[8] Atualmente, os pais devem estar muito atentos à qualidade ou formação pedagógica dos professores que estarão presentes na vida de seus filhos, desde a infância. Isso para além dos professores das escolas formais, como, por exemplo, professores de inglês, religião, música, natação, atletismo, esportes em geral e outros.

desses casos, um homem na faixa dos quarenta e cinco anos, certa vez, num momento de raiva, desabafou:

— Essa maldita comparação arruinou minha vida, por muito tempo.

De acordo com o pensamento de Eric Berne, a forma de pensar, sentir e agir é ensinada, conscientemente ou não, às crianças pelos pais ou substitutos, desde a mais tenra idade. E, em se tratando da "rejeição parental", esta, por não possuir qualquer traço de afetividade, influi cabalmente na qualidade da autoestima do indivíduo. Na verdade, muitos pais, por não analisarem, conscientemente, o modo como foram educados, repetem com os filhos as mesmas ações desqualificadoras que sofreram dos seus pais. Criando, de tal modo, um ciclo vicioso que se perpetua geração pós-geração, como se fosse uma espécie de padrão que não pode ser alterado, apenas seguido.

Capítulo V

A INFLUÊNCIA DA EDUCAÇÃO

*O homem não é nada
além daquilo que a educação faz dele.*

(Emanuel Kant)

Ainda no contexto das predisposições, não poderia deixar de mencionar — mesmo que de maneira um tanto resumida — a educação como elemento de suma importância na formação da autoestima. Em alguns casos, por conter as situações já elencadas anteriormente, e, em outros, por possuir singularidades que são determinantes na constituição da personalidade do indivíduo.

Com o intuito de tornar compreensível ao leitor — caso tenha a pretensão de utilizar este saber para o seu próprio autoconhecimento ou para empregá-lo em outro contexto educacional —, esclareço que o termo "educação", no âmbito deste escrito, contempla a soma de todo aprendizado familiar, religioso, escolar e social. A educação em sua totalidade, cujo conteúdo vai moldar a formação do indivíduo, desde a mais tenra idade, principalmente em seus aspectos psicoemocional e comportamental, incluída aí a noção de valores, sentimentos etc.

Tomando como fonte inspiradora alguns conceitos da Análise Transacional (método analítico já citado), e acrescentando-lhes observações colhidas na vivência terapêutica, cheguei à conclusão de que, a priori, são dois os modelos de educação que, positiva ou negativamente, estão presentes na base da autoestima de toda pessoa. São eles: a Educação Crítica e a Educação Nutritiva.

Partindo do entendimento inicial de que esses dois modos educativos são decisivos no desenvolvimento da personalidade dos indivíduos, não há como fugir à realidade de que eles também interferem na formação e evolução da autoestima. Outro dado a acrescentar, antes de discorrer com maior objetividade sobre o assunto, é o de que a influência desses modelos, pelo menos no tocante à formação da autoestima, faz-se presente no período que vai do nascimento até a adolescência da pessoa, impactando com maior intensidade no tempo compreendido de 0 a 8 anos de idade. A abrangência ampliada desse período, por mim aqui adicionada, se explica pelo fato de que: cada criatura interioriza, de forma singular e em tempo distinto, aquilo que aprende ou vivencia. Por vezes, até na vida adulta os pais, por meio de suas ações, continuam a nutrir, ou não, a autoestima de seus filhos.

Capítulo VI

EDUCAÇÃO CRÍTICA

*Todos nós nascemos príncipes
e princesas, mas, às vezes,
nossa infância nos transforma
em sapos.*

(Eric Berne)

A educação crítica caracteriza-se, principalmente, por ser impositiva ou coercitiva. Ou seja, sob esse prisma, ela é imposta pelos pais ou seus substitutos, por meio de uma gama variada de ações, tais como: castigos, coação física, chantagem emocional, críticas exacerbadas, repressão de sentimentos, comparações negativas, instauração de medos e preconceitos.

Em termos de conteúdo, podemos dizer que a educação crítica se faz por meio daquilo que se convencionou chamar — em análise transacional — de mandatos verbais ou não verbais negativos, que são sentidos, assimilados ou interpretados pela criança como ordem de conduta. A distinção que se faz entre esses dois tipos de mandatos (verbal e não verbal) é que o primeiro é direto, objetivo, e o segundo é subentendido, tal como se estivesse implícito na ação da qual é feita a leitura pela criança. Exemplo: quando uma criança se sente ignorada pelos pais, a leitura que ela poderá fazer será: "eles não me amam", ou "eu não sou importante para eles", ou, ainda, "terei que me esforçar muito para que eles me amem".

Nesse sistema pode-se afirmar que a criança não é educada, ela é "treinada" para ser obediente, para responder a comandos, sob as mais diversas formas de mandatos. Um exemplo, aparentemente bobo, é o uso da figura do "bicho-papão" como forma de ameaça à criança que não quer comer ou dormir. No imaginário infantil, o "bicho-papão" é mau e a crença que se estabelece é a de que ele vai causar-lhe algum dano, se ela não fizer o que o pai ou a mãe querem. Para a criança nada é de brincadeira, o que é para amedrontar, amedronta.

Seja no âmbito da família, na escola ou ensino religioso, encontramos inúmeros exemplos de mandatos negativos, iguais ou assemelhados a estes:

— Se desobedecer, vai apanhar quando seu pai chegar.

— Se não comer, vai ficar doente.

— Se não for bonzinho, Papai do Céu castiga.

— Quem não fizer a lição, vai ficar de castigo.

Um exemplo, bem real: em uma aula de natação para crianças, ouvi um professor falar para um aluno:

— Se não bater rápido as mãos, você vai se afogar.

São inúmeros os mandatos, inapropriados, utilizados nessa maneira de tentar educar ou de estimular o aprendizado. Além, é claro, daqueles que trazem a ação direta de coerção, como: surras, espancamentos, castigos corporais etc.

Vale lembrar, ainda, que exemplos negativos, de parte dos pais, também podem soar ao educando como "norma" de conduta. Por exemplo: se o pai mente ou falseia a verdade perto do filho, isso pode ser entendido como permissão para que, em algum momento, ele faça o mesmo. Exemplos de pais ou substitutos tanto podem educar quanto deseducar.

Para tornar mais clara a ideia dos males que essa "prática educativa" pode acarretar, não só no que diz respeito à autoestima, mas a outros desconfortos psicológicos, vale, como exemplo, o caso de uma cliente em terapia, relatado a seguir.

Portadora de compulsão alimentar, Raquel não sabia o que fazer para combater tal distúrbio. Tinha ido a diversos profissionais: médicos, nutricionistas e psicólogos; tomado diversos medicamentos, sem resolver o problema, pois continuava alimentando-se de modo inadequado e engordando. Quando veio para a terapia, estava desesperada e com o casamento em crise. Depois de algumas sessões analíticas, ela concordou em submeter-se a algumas sessões de Renascimento. Numa delas, eis que começou a chorar convulsivamente.

Perguntada sobre o porquê do choro, respondeu que, enquanto respirava, veio-lhe à mente uma lembrança de quando, por volta dos 6 anos de idade, a mãe lhe impunha comer, ameaçando-lhe que, se ela não comesse, iria virar um palito — adjetivo, para mãe, de pessoa extremamente magra, fraca e feia. Segundo ela, depois de apurada análise, esse era o temor que, inconscientemente, fazia com que ela comesse, compulsivamente. Depois de passar por um processo de reparentalização com a mãe e perdoá-la por tê-la induzido, de certo modo, a desenvolver tal distúrbio, e, também, de autorreparentalização, sua mudança teve início. Então, após passar por um processo de redefinição de sua autoestima, que motivou, inicialmente, sua reeducação alimentar, ela voltou ao peso adequado, adotou novos hábitos saudáveis e recuperou, segundo ela, sua alegria de viver. Fato esse também observado pela mudança no seu modo de vestir, antes conservador — com cores mais escuras e sóbrias —, depois mais jovial, com cores mais coloridas e alegres. Por fim, pode-se dizer que ela adquiriu novo entusiasmo pela sua vida e, num breve tempo, reequilibrou seu relacionamento com o esposo e os filhos.

A educação crítica é depreciativa, ou seja, alguns pais apelam, equivocadamente, para a desqualificação do filho, pensando que, assim, o motivarão para que realize alguma tarefa a contento ou venha a corrigir alguma postura. Alguns até argumentam que, de vez em quando, é necessário mexer com os brios ou ânimo do filho para que ele reaja ou motive-se. O que é um crasso engano, pois o que "conseguem" com essa prática, inadequada, é, na maioria das vezes, ativar sentimentos de raiva, revolta, rejeição ou incapacidade. Inúmeros são os indivíduos que carregam em si as marcas desse tipo de ação dos seus progenitores. Já ouvi, em terapia, de homens e mulheres, reclamos sobre pais e mães que os depreciavam. E o resultado dessas "desqualificações" foi que cresceram alimentando sentimentos de incapacidade e inutilidade, resultando em uma autoestima baixa e falta de reatividade diante das oportunidades na vida. Um exemplo:

Sandra era uma mulher trabalhadora, com valores bem definidos, esbelta e com uma firmeza de caráter, impar. Divorciada, criou com dedicação um casal de filhos. Mesmo assim, não se sentia feliz, sua vida amorosa, desde o próprio casamento, nunca foi das melhores. Sempre nutriu por si um sentimento de inferioridade e uma quantidade considerável de medos. Ao falar sobre sua vida pregressa, relatou que o que mais doía em sua vida era, desde criança, ter ouvido, repetidamente, de seu pai que "mulher nenhuma prestava; que não serviam para nada". Seus irmãos também desenvolveram o modelo doentiamente machista e depreciativo do pai, em relação às mulheres, resultando em uma convivência difícil entre ela e eles. Até os seus 43 anos ela não conseguira superar certo sentimento de incapacidade. Com uma autoestima baixa, vivia sem ter muito apreço por ela mesma, mantendo em seus relacionamentos ora atitudes mais agressivas e revoltosas, ora de submissão.

Em terapia, começou um processo, primeiramente, para reparentalizar-se com o pai, e depois com a mãe. Segundo ela, a falta de reatividade da mãe, diante dos impropérios que o pai destinava às mulheres, ajudava a reforçar os seus medos. Graças à sua férrea vontade e dedicação ao processo terapêutico, foi, aos poucos, redescobrindo suas qualidades, aprendendo a admirar suas conquistas, além de desenvolver seu autorrespeito. Seus medos foram, também, superados pelo resgate da sua autoestima e o fortalecimento da sua autoconfiança.

Segundo ela, conhecer a razão dos seus medos, do seu sentimento de incapacidade e da falta de autoconfiança foi fundamental para que ela, ao "despedir-se" do seu passado e dos mandatos negativos que tanto influenciaram sua vida, resgatasse o amor por ela mesma, aprimorando seu senso de autovalorização. Daí em diante, seus relacionamentos, de modo geral, ganharam qualidade e satisfação, e a relação com seus filhos foi enriquecida com maior afetividade. A superproteção, que antes era geradora de muitos atritos, foi substituída pela necessária autonomia que eles necessitavam para evoluírem, de modo saudável e equilibrado.

Acrescento, ainda, a fim de dar pleno entendimento a este tópico, que a educação crítica, tal qual aqui abordada, é também um forte elemento disseminador de sentimentos de inadequação, uma vez que os meios coercitivos — utilizados pelos pais ou seus substitutos para obter obediência a qualquer custo —, por serem desprovidos de afetividade, levam a criança a sentir-se deslocada e não aceita no meio em que vive. Aliás, embora pais ou substitutos, quando questionados sobre esse modelo precário — com qual tentam educar seus filhos —, repitam que tudo o que fazem é para o bem da criança, ele, em si, não leva ao fundamental desenvolvimento da afetividade nem colabora com o aprimoramento do pensamento ou da racionalidade, já que, para ser obediente, não é necessário pensar, é só treinar. E é isso que acontece com boa parte das pessoas educadas nesse padrão, salvo quando, mais à frente, a pessoa consegue se libertar dessa influência limitadora.

Em síntese, pode-se afirmar que a educação crítica aponta apenas dois caminhos ao indivíduo: ou ele vai ser extremamente obediente, ou desobediente; submisso, ou rebelde. E isso lhe trará, com certeza, inúmeros desconfortos ou desarmonia em sua vida.

A título de breve explicação, e não de justificativa, vale registrar que a maioria dos pais ou substitutos comete essas ações, que deseducam, de modo inconsciente, devendo-se isso à falta de preparo e ao desconhecimento sobre a repercussão delas na existência dos filhos. Podemos dizer, inclusive, que muitos pais repassam, cegamente, apenas aquilo que aprenderam em seu processo educativo, sem a mínima reflexão ou autocrítica sobre o modelo de educação herdado ou, ainda, sobre como aperfeiçoá-lo para que seja eficaz no tempo presente.

Além dos atos mais grosseiros utilizados nesse modelo — que considero "deseducativo" e deformador da personalidade do indivíduo —, enumero, a seguir, algumas outras práticas, também usuais, como a superproteção, a obediência condicionada ou premiada, a chantagem comparativa e a responsabilização prematura.

1. Superproteção

A superproteção está inserida no modo de educação crítica, uma vez que ela, sob a máscara de proteger ou defender os filhos de situações a serem superadas, traz, em seu cerne, transferências de medos, inseguranças ou fracassos dos pais.

Infelizmente, encontramos pais que, por não terem superado certas inaptidões, carências, temores ou frustrações, transferem a seus filhos a incumbência de serem bem-sucedidos e não os desapontar, às vezes, até por força de sentirem-se culpados por não terem correspondido ao que seus próprios pais ambicionavam para eles. Daí que, sob o intuito de "proteger" os filhos, "para o bem deles", acabam por impedi-los de enfrentar seus próprios desafios e desenvolverem-se, espontaneamente.

Na fase da educação escolar, por exemplo, são comuns os pais que, praticamente, fazem os deveres de casa do filho, para que ele não se submeta a cometer erros ou tirar notas baixas. Além disso, ao mesmo tempo que o "protegem", exigem, em troca, excelência em tudo que ele faça. O que, em síntese, resulta na perda da sua individualidade e, por consequência, em sua baixa autoestima. Às vezes, mesmo que inconscientemente, muitos pais são os responsáveis pelas dificuldades que o filho enfrenta na vida adulta, por força da proteção exacerbada dedicada a ele. Inclusive algumas fragilidades físicas e emocionais podem resultar da superproteção.

Em terapia é contumaz ouvir queixas de pessoas com baixa autoconfiança e insatisfeitas com o rumo de suas vidas, que, segundo elas, não puderam escolher suas próprias profissões e, até mesmo, seus relacionamentos. Isso pelo excesso de zelo dos pais em determinar o que seria melhor para elas. Algumas pessoas nunca puderam tomar decisões importantes ou ousar, diante de alguma circunstância, por medo de contrariar os pais.

Filhos criados assim, na maioria das vezes, são portadores de um modelo de autodepreciação e dependentes. Por não conseguirem confiar em suas próprias ideias, sentem-se incompetentes perante a vida: bloqueiam suas capacidades reativas, se autoanulam, são ansiosos, se deprimem com facilidade e possuem propensões para vícios. Existem casos, dramáticos, de pessoas que desenvolveram hábitos autodestrutivos e até se suicidaram por não suportar a pressão dos pais em suas escolhas profissionais ou relacionais.

2. Obediência premiada ou condicionada

A obediência condicionada é aquela exigida por meio da concessão ou trocas de "prêmios", principalmente de natureza material, por feitos que, a priori, podiam ser realizados de maneira incondicional, se os pais tivessem a habilidade de explicar a importância de certos afazeres para os filhos, evitando, assim, a chantagem que caracteriza, em termos práticos, a "compra da obediência" deles. Essa atitude nada tem de pedagógica, uma vez que os filhos, assim educados, deixam de aprender a responsabilidade — elemento fundamental para ter autonomia na busca da autorrealização futura.

Em se tratando da autoestima, essa prática não a favorece, porquanto os filhos se sentirão sempre compelidos a negociar suas condutas ou a prática de valores. Além do que, isso dificultará o incremento de capacidades de superação que, em última instância, deveriam servir-lhes de suporte para uma formação sadia e produtiva. Como na vida real, eles — os filhos — não encontrarão sempre quem lhes atenda as necessidades, propondo-lhes trocas satisfatórias para cumprirem com suas responsabilidades, eles, provavelmente, irão acumular frustrações por faltar-lhes o devido preparo e a necessária eficiência pessoal para enfrentarem seus desafios existenciais e progredirem.

3. Jogo comparativo

Como já comentei no capítulo sobre a rejeição parental, o uso da comparação é um procedimento danoso à autoestima. Mesmo assim, não é incomum encontrarmos pais e professores, principalmente, que, mediante a comparação com outrem, busquem fazer com que a criança atenda às suas expectativas de aprendizado, sejam elas comportamentais ou não. No âmbito da família, por exemplo, vemos, muitas vezes, pais comparando um irmão com o outro, ou com o filho de algum parente ou amigo mais próximo.

Eis alguns exemplos de falas usadas comumente, quando da prática desse infeliz modelo:

— Seu irmão, sim, é que é inteligente.

— Aquele ali é um doce; este, aqui, é um traste.

— Você deveria ser como seu primo: obediente, estudioso...

— Esse aí puxou o pai.

— Aquela ali é igualzinha à mãe.

— Você devia seguir o exemplo do seu colega, ele faz tudo para agradar aos pais.

Essas são apenas algumas das inúmeras falas negativas e usuais no processo comparativo, dado que elas apenas se diferenciam na forma, sendo o conteúdo manipulativo sempre o mesmo.

Na família, principalmente, essa abordagem comparativa, além da ideia falsa de ser estimulante, é pródiga em criar sentimentos de rejeição, raiva e rebeldia naquele que é comparado como inferior, pois o entendimento é de que os pais gostam menos dele do que daquele com o qual é comparado. Por outro lado, aquele que é comparado, positivamente, pode, por medo da rejeição, vir a desenvolver atitudes compulsivas de obediência cega, e criar para si a ideia de que, para não desapontar seus pais ou substitutos, ele tem que ser perfeito e seguir sempre os mandatos deles. Vale destacar que essas e outras repercussões vão além da infância ou adolescência. Vejamos, na prática, como isso pode funcionar, em termos de rejeição:

Marta, aos 45 anos de idade, veio para a terapia por sentir-se deprimida e, segundo ela, por não ver sentido em sua vida. Apesar de relutante, ela foi narrando alguns acontecimentos da sua vida pregressa: o fim do seu casamento, as dificuldades com os filhos, a raiva do ex-marido, seus medos, a dificuldade de entrega no novo relacionamento e o acomodamento, geral, da sua vida.

Falava alto, sempre demonstrando irritação e uma revolta muito grande, praticamente, com tudo. Aos poucos, apesar de não se entregar totalmente à prática respiratória do Renascimento, ela foi se soltando, mas sempre que eu perguntava-lhe sobre o relacionamento com a sua mãe ela a elogiava, vagamente, e referia-se à admiração que os outros tinham por ela. Tudo transcorria muito lentamente, até o dia em que ela passou a falar da sua irmã, que, a julgar por sua narrativa, era o exemplo de sucesso da família, bem casada, com uma boa profissão, filhos etc.

Em determinada sessão, perguntei-lhe, repentinamente:

— Você não acha que sua insegurança é proveniente das comparações que a sua mãe fazia de você em relação a sua irmã?

Ao dizer-lhe isso, foi como se houvesse aberto as comportas de uma grande represa, ela chorou, convulsivamente, por mais de dez minutos. E, aí, começou a falar como se sentia, realmente, diante das desqualificações que sofria da mãe e do pai (já falecido à época da terapia), que, até então, não havia sido mencionado diretamente nas sessões.

Aconteceu algo como se ela tivesse voltado no tempo. Vieram à tona os sentimentos recalcados de rejeição e de desaprovação dos pais, o que rendeu mais algumas sessões, somente sobre esse assunto, ficando claro que se casara à revelia dos pais, por pura rebeldia, para atingi-los, e não porque desejasse fazê-lo, conscientemente. Enfim, toda a sua insegurança, mais o complexo de inferioridade e, sobremaneira, a sua baixa autoestima estavam relacionados à prática da comparação levada a efeito pelos seus pais.

Na sequência do seu processo terapêutico, depois de muito esforço e tempo, venceu o medo e conseguiu conversar com sua mãe a respeito das comparações. Falou das suas angústias e raivas e de tudo quanto sofrera devido a elas. Segundo ela, foram momentos difíceis e bastante emocionais de pedidos de perdão, de ambas as partes: da mãe, pelo tratamento inadequado dado a ela; e, da sua parte, pela raiva e outros sentimentos de igual teor acumulados. Mesmo assim, por mais difícil que tenha sido ela conseguiu se reparentalizar com a mãe, que era a parte mais entranhada daquela infeliz simbiose. No que se referia ao pai (já falecido), ela reconciliou-se com ele por uma prática de perdão. A reparentalização é também uma espécie de reconciliação, que, se levada a bom termo, consegue dissolver a influência de certos traumas, oriundos das relações familiares.

Vale acrescentar que o último exemplo foi apenas um lado da história de educar os filhos comparando-os: o lado de quem foi comparado como inferior. Porém, me foi dado saber que aquela irmã, que fora comparada como a "mais certinha" e superior, também estava "pagando caro" pelo estigma da comparação, uma vez que na mesma época em que a irmã estava em terapia, ela também estava vivendo de modo desconfortável, depressiva e com um casamento à beira da falência. Só que, por morar em outra localidade, escondia a situação, já que temia revelar aos familiares, e principalmente à mãe, que ela não era assim, digamos, tão perfeita. Pode parecer bastante dramática esta situação, mas não é muito diferente de outras tantas que já chegaram ao meu conhecimento por meio de clientes de terapia ou de narrativas em workshops e palestras.

No que diz respeito à educação escolar, muitas vezes, professores mal preparados também se utilizam do expediente de comparar um aluno com o outro, pensando estarem motivando aquele com maiores dificuldades de aprendizado ou com alguns desvios comportamentais. Puro engano, pensar que isso é saudável pedagogicamente; pelo contrário, esse hábito só aprofunda e posterga a solução do problema. Ninguém, conscientemente, gosta de ser comparado a outrem, principalmente quando se é colocado em situação de inferioridade. Nenhuma autoestima se alimenta positivamente dessa prática.

4. Responsabilização prematura

Criança deve ser cuidada e estimulada como criança, mas não é assim que pensam alguns pais, que agem, desde cedo, tratando o filho como se ele fosse adulto e devesse agir como tal. A título de informação, esse modo de agir pode ser ditado, inconscientemente, por pais que visam transferir para o filho suas frustrações, no que se refere à realização pessoal, inculcando no filho, então, a tarefa de ser ele o salvador "da honra da família". Por outro lado, isso pode também ser ditado por necessidades das mais variadas, inclusive materiais.

A responsabilização prematura, de certa forma, aborta a infância da criança. E essa ocorrência, por si só, já vai gerar repercussões negativas em sua existência, uma vez que, ao saltar etapas de seu desenvolvimento, lá na frente, na vida adulta, ela vai se ressentir dessa falta ao não dar conta de ser mais flexível e afetiva consigo mesma. Mesmo que consiga sucesso profissional, por exemplo, não vai usufruir dos seus ganhos, uma vez que vai estar "comprometida" em atender as necessidades da família, principalmente, ou vai investir-se do papel de salvador, assumindo para si cada vez mais responsabilidades para com os outros, ou, ainda, poderá, devido ao peso dessas responsabilidades, vir a desenvolver uma série de desconfortos emocionais ou condutas autodestrutivas, devido às frustrações existenciais que esse modelo acarreta. Sua autoimagem, derivada de sua baixa autoestima, estará sempre ligada a "posturas salvacionistas".

Exemplo: Carla, desde os 7 anos, após a morte da sua primeira irmã, ouvia sempre de seu pai que ela, por ser então a irmã mais velha, deveria ser o esteio da família. Assim, cresceu carregando sobre si o peso dessa responsabilidade. Como morava no interior, foi, a mando do pai, estudar na capital. Ao terminar seu curso superior, logo conseguiu um bom trabalho e desenvolveu-se profissionalmente. Segundo seu relato, tudo levava a crer que ela teria uma vida bastante equilibrada e tranquila. Porém, aos 29 anos, com a morte do pai, ela sentiu então o peso da responsabilidade. Teve que voltar para sua cidade natal para cumprir o mandato, antes estabelecido por ele, de ser o esteio da família, ou seja, de assumir a responsabilidade pela criação dos demais irmãos e cuidar da mãe.

E assim, ela viu seus sonhos serem ceifados, dia após dia, por força de que todos os ganhos com seu trabalho eram destinados à família. E, mesmo depois que os irmãos cresceram e constituíram família, ela ainda permaneceu na posição de esteio familiar, acudindo não só os irmãos, mas também os sobrinhos. Muito, também, em razão da relação de dependência e codependência, que acabou envolvendo sua vida.

A submissão à responsabilização, repassada pelo pai, foi tamanha que, durante muitos anos, uma das suas irmãs gerenciava o seu ofício e controlava os seus ganhos. Nesse tempo, que durou até quase seus 50 anos de idade, ela praticamente não teve vida afetiva, já que permanecera presa no script de vida definido pelo pai, com a conivência da mãe, de ser a provedora da família.

Mesmo depois de um processo terapêutico aos 45 anos de idade, ela não foi capaz de se desvencilhar, totalmente, desse infeliz legado. Embora tenha tomado consciência de que precisaria mudar sua postura diante da vida que levava, onde experimentava inúmeros desconfortos, foi com muita dificuldade que conseguiu resgatar parte de sua autonomia e autoestima. E, mesmo usando de muita persistência na busca do seu equilíbrio e bem-estar, ela mesma reconheceu ser difícil eliminar, definitivamente, as marcas de suas perdas, por força da responsabilização prematura a que foi submetida.

Mormente, pessoas que foram submetidas à responsabilização prematura, na infância, acabam por desenvolver certa "compulsão" por "salvar ou agradar" os outros. Isso porque são detentoras da limitada compreensão de que somente suprindo as vontades alheias é que serão aceitas ou reconhecidas, o que é puramente enganoso, pois é conhecido que esse comportamento é farto em frustrações, devido ao fato de que a maioria dos contemplados, por ações salvacionistas, não costumam retribuir com gratidão ou afeto. A experiência nos confirma que quando alguém se investe do papel de salvador ou de salvadora, atrai para si aqueles que costumam fazer o jogo psicológico da vítima ou do coitado, e a estes só interessa suprir as suas necessidades, sem oferecer nada em troca.

Vale repetir que a responsabilização prematura, no sentido de dar seguimento ao legado profissional de pais ou familiares, afeta a autoestima e produz sérios problemas existenciais, tendo como consequência a depressão e outras tantas ocorrências emocionais ou vícios. Pessoas responsabilizadas prematuramente na infância podem, também, tender à infantilização, uma vez que não vivenciaram esse estágio plenamente.

Capítulo VII

CONSIDERAÇÕES SOBRE PAIS CRÍTICOS

É inegável que o conteúdo emocional está presente na base da educação dos filhos e, como anteriormente mencionado, na adequada formação da autoestima deles. Aliás, para prover uma boa educação, é fundamental levar em alta consideração esse precioso elemento. Nesse sentido, destaco a importante contribuição dada ao assunto por John Gottman[9] e Joan Declaire, que, inspirados por Daniel Goleman[10], são os autores do livro *Inteligência emocional e a arte de educar nossos filhos*. A seguir, a título de contribuição para uma boa reflexão — daqueles que já são pais ou que virão a ser —, transcrevo, literalmente, do livro mencionado, três definições de alguns estilos de pais que, a meu ver, se inserem em minha denominação de "pais críticos", páginas 51 a 53.

1. Os pais simplistas

- Não dão importância aos sentimentos da criança.
- Ignoram os sentimentos da criança.
- Querem que as emoções negativas da criança desapareçam logo.

---

[9] **John Gottman** (26/4/1942), nascido na República Dominicana, é professor emérito de psicologia na Universidade de Washington. Juntamente com **Joan Declaire**, americana, jornalista e Diretora Editorial do Aconselhamento na Gravidez e Infância da Microsoft; são autores do livro *Inteligência emocional e a arte de educar nossos filhos*. É sua a afirmação: "As rejeições frequentes às emoções das crianças, intencionalmente ou não, têm um efeito negativo na sua autoestima".

[10] **Daniel Goleman**, americano, psicólogo, doutorado pela Universidade de Harvard, e escritor de renome mundial, é autor do livro *Inteligência emocional*, obra recomendada para maior compreensão das interações emocionais na educação dos filhos. É dele a seguinte afirmação: "Os pais precisam ser mais preparados para ensinar aos filhos noções emocionais e sociais básicas".

- Costumam tentar distrair a criança, para fazê-la esquecer de suas emoções.
- São capazes de ridicularizar ou fazer pouco das emoções das crianças.
- Acham que os sentimentos das crianças são irracionais e, portanto, não contam.
- Demonstram pouco interesse no que a criança está tentando comunicar.
- São incapazes de perceber as próprias emoções e as dos outros.
- Sentem-se constrangidos, assustados, ansiosos, aborrecidos, magoados ou espantados com as emoções da criança.
- Temem descontrolar-se emocionalmente.
- Dão mais importância à superação que ao significado das emoções.
- Acham que as emoções negativas são prejudiciais ou "tóxicas".
- Acham que ficar pensando nas emoções negativas "só vai piorar as coisas".
- Não sabem o que fazer com as emoções da criança.
- Veem as emoções da criança como uma exigência para "consertar" as coisas.
- Acham que as emoções negativas mostram que a criança está desajustada.
- Acham que as emoções da criança depõem contra seus pais.
- Minimizam os sentimentos da criança, desmerecendo os acontecimentos que causaram a emoção.
- Não tentam resolver o problema com a criança; acham que os problemas se resolvem com o tempo.

Efeitos deste estilo sobre a criança: ela aprende que seus sentimentos são errados, impróprios, inadequados. Pode aprender que há algo intrinsecamente errado com ela por causa do que ela sente. Pode ter dificuldade em regular as próprias emoções.

2. Os pais desaprovadores

- Demonstram muitas das atitudes dos pais simplistas, mas de uma forma mais negativa;
- Julgam e criticam a expressão emocional da criança.
- Estão preocupados, demais, com a necessidade de controlar os filhos.
- Enfatizam "exageradamente" a obediência a bons padrões de comportamento.
- Repreendem, disciplinam ou castigam a criança por manifestações de emoções, esteja a criança agindo mal ou não.
- Acham que a manifestação de emoções negativas deve ter limite de tempo.
- Acham que as emoções negativas precisam ser "controladas".
- Acham que as emoções negativas refletem deficiência de caráter.
- Acham que a criança usa emoções negativas para manipular; isso provoca disputa pelo poder.
- Acham que as emoções enfraquecem as pessoas; as crianças precisam ser emocionalmente fortes para sobreviver.
- Acham que as emoções negativas são improdutivas, uma perda de tempo.
- Veem as emoções negativas (especialmente a tristeza) como um bem a ser poupado.
- Preocupam-se bastante com a obediência da criança à autoridade.

Efeitos deste estilo sobre a criança: os mesmos que os do estilo simplista.

3. Pais permissivos

- Aceitam, livremente, qualquer expressão de emoção por parte da criança.
- Reconfortam a criança que esteja experimentando sentimentos negativos.

- Quase não procuram orientar o comportamento da criança.
- Não orientam a criança sobre as emoções.
- São permissivos, não impõem limites.
- Não ajudam a criança a resolver problemas.
- Não ensinam à criança métodos para solucionar problemas.
- Acham que pouco se pode fazer a respeito das emoções negativas, a não ser afastá-las.
- Acham que administrar emoções negativas é uma questão de "hidráulica", basta liberar a emoção.

Efeitos deste estilo sobre a criança: ela não aprende a regular as emoções; tem dificuldade de se concentrar, de fazer amizades, de se relacionar com outras crianças.

Capítulo VIII

EDUCAÇÃO NUTRITIVA

*Não se pode falar
de educação sem amor.*

(Paulo Freire)

Diferentemente dos elementos citados, até agora, como alimentadores de predisposições para a ausência ou baixa autoestima, a educação nutritiva, a começar pela sua própria denominação, difere em sua gênese da educação crítica por servir de estímulo positivo à autoestima. Isso por conter, em sua base, maior compreensão dos pais ou substitutos sobre a importância da afetividade no processo educativo e do respeito para com a integridade física e emocional da criança.

Especialmente, pais nutritivos não subestimam as capacidades inerentes à própria individualidade da criança, como, por exemplo, a inteligência e a habilidade de processar e organizar informações que lhe são repassadas, além do que, respeitam cada fase do seu crescimento. A coerção e a crítica desmedida, por exemplo, são aqui substituídas pela comunicação inteligível, pelos estímulos positivos, pela correção qualitativa das ações em substituição ao julgamento crítico e pessoal.

A responsabilidade e os limites são aprendidos por meio do diálogo claro entre pais e filhos, assim como o desenvolvimento da racionalidade é levado a bom termo pelo estímulo ao ato de pensar e ponderar, o que contribui para o desenvolvimento da dinâmica mental, da criatividade e do aprendizado, de modo geral. Diferentemente da educação crítica, que, pela imposição, busca induzir o pensamento, na educação nutritiva, o refletir com liberdade é, pedagogicamente, considerado como essencial ao progresso da formação da criança. Lembrando, ainda, que estimular a criança a raciocinar colabora, em muito, para ampliar sua autonomia, pessoas que aprenderam a avaliar, por si mesmas, fazem com maior clareza a *leitura do mundo* que as cerca, além de serem mais assertivas em suas posições e escolhas.

A educação nutritiva caracteriza-se, ainda, pelo maior discernimento dos pais de que a criança é um ser com *infinitas possibilidades*, necessitando, por isso, de estímulos distintos e vigorosos para vir a efetivá-las. Sabem eles, também, que, nesse processo, a atenção e o tempo de qualidade fazem a diferença. É natural que muitos pais, por não terem sido contemplados nesses *requisitos*, em sua própria educação, possam sentir-se despreparados para tal ofício, mas aí poderá entrar em cena um fator que é determinante para bem educar os filhos: "a vontade imperativa de serem pais melhores", não perfeitos, mas melhores! Principalmente em afetividade e comprometimento. Elementos que, se não possuem, podem ser adquiridos e aprimorados dentro do próprio procedimento educativo ou pela busca de conhecimento, hoje tão fartos em livros, vídeos ou palestras.

Em minha experiência como pai, aprendi que a educação dos filhos é uma via de mão dupla, onde se estimula o aprendizado e se aprende a cada instante. Sendo assim, é primordial estar aberto a esse aprendizado de bem educar, até porque bons pais e educadores, na verdade, não educam, pelo contrário, estimulam a criança a se autoeducar, proporcionando-lhe condições e elementos para que isso aconteça. E um dado muito significativo — que deve ser levado em consideração, neste contexto — é o de que a criança, naturalmente, quer e está ávida por aprender, já que, na "essência" do seu ser, existe uma "vontade", vigorosa, sinalizando para a necessidade de desenvolver-se, em razão da sua própria sobrevivência. Assim sendo, reside aí a justificativa para que tanto os pais quanto seus substitutos devam ter plena compreensão da sua responsabilidade enquanto "agentes motivadores" desse aprender.

Em termos da autoestima, a educação nutritiva atua como alimentadora do padrão afetivo que, em última instância, será determinante no grau da autoestima do indivíduo. Adultos educados com maior afetividade tendem, naturalmente, a ser mais confiantes, criativos, dinâmicos e realizadores. Isso porque a autoestima elevada funcionará como uma reserva motivadora para encorajá-los ante as "exigências" que, por certo, estarão presentes em suas jornadas.

Exemplo: Em minha vida, experimentei os dois modos educativos. A educação crítica, que foi alimentada, inicialmente, pelo abandono da minha mãe biológica e, depois, num breve período dos 7 aos 8 anos de idade, quando ela reapareceu, retirando-me da família adotiva, deixando-me à mercê de espancamentos contínuos da parte do padrasto, que me foi imposto, somado ao período em que vivi interno, em "abrigos" para menores, que durou de 8 a quase 18 anos de idade. Nesses ambientes imperava a "pedagogia do medo", castigos psicológicos e físicos.

A parcela da educação nutritiva, para mim, bastante significativa, eu recebi no período compreendido entre 2 e 7 anos de idade. Porém, só vim a obter essa admirável compreensão, pela primeira vez, entre os meus 28 e 29 anos de idade. Tempo em que, após ter sobrevivido a incontáveis desconfortos existenciais e dificuldades de variados gêneros, devido aos traumas gerados pelo abandono, descobri que a minha melhor e maior referência afetivo-existencial era advinda da minha mãe adotiva, coadjuvada pelo meu pai.

Além de ter cuidado da minha saúde, debilitada, à época da adoção e me devolvido à vida, foi minha mãe adotiva que, nesse tempo de minha infância, além de me cobrir de cuidados e carinho, nutriu-me de valores e ensinamentos. Ela que elogiava, constantemente, a minha inteligência e me supria de afeto, dizendo-me que "eu ainda seria um grande homem, um doutor". Foi minha mãe adotiva, também, que, apesar da sua pouca instrução, teve a paciência e a sabedoria de ensinar-me, aos 4 anos de idade, o rudimentar bê-á-bá, a partir do qual eu aprendi, precocemente, a ler. Enfim, sem hesitação, creio não haver dúvidas de que minha autoestima continua sendo alimentada, até os dias de hoje, por essa base afetiva de evidente valor.

Outro exemplo afirmativo sobre a educação nutritiva refere-se às minhas duas filhas, que eu, devido às sequelas emocionais deixadas pela minha própria história, temia não ter o preparo emocional adequado para educá-las. Quando eu e minha esposa, à época, resolvemos tê-las, comprometi-me, interiormente, a aprender para ser o melhor pai possível. Li inúmeros livros a respeito do assunto, assisti a palestras que versavam sobre educação de filhos e, por fim, me submeti a um processo psicoterapêutico, por meio do qual aprendi a ser mais amoroso e responsável para com elas. No Dia dos Pais do ano de 2009, elas, referindo-se a mim e a mãe delas, proferiram algo inesquecível aos meus ouvidos: "Que bom que temos pais como vocês, pois temos aprendido muito com a história de vocês. Um bom exemplo para sermos, também, bem-sucedidas". Em sendo assim, creio que a parcela de educação nutritiva dada às minhas filhas é que as mantém, sempre, com boa autoestima e disposição para obterem a realização que almejam e merecem.

Muito mais poderia expor sobre essa que denomino de "educação nutritiva". Porém, o objetivo aqui proposto é o de apenas estabelecer algumas diferenciações entre ela e a "educação crítica", para que se possa ter uma ideia de como a educação tem influência direta na autoestima do indivíduo. No conjunto dos demais capítulos, creio que não passarão despercebidas ao leitor mais atento todas as demais extensões e ramificações que envolvem educação e autoestima. Até porque é óbvia a conclusão de que a "educação crítica" é alimentadora da baixa autoestima do indivíduo e de todas as repercussões negativas em sua existência. E que a "educação nutritiva", por sua vez, robustece a autoestima positiva e todos os seus ganhos existenciais.

Alguns elementos que caracterizam a educação nutritiva são: a consciência dos pais ou substitutos sobre a importância deles na vida da criança, enquanto estimuladores do aprendizado; a importância dos valores no aprendizado (ensino e exemplos); o diálogo franco e aberto — ouvir a criança também é importante para sua autovalorização —; a prática do elogio; o brincar juntos; o estímulo ao pensar no sentido da elaboração de raciocínio e a compreensão dele; a presença qualificada, principalmente na infância; o respeito às fases de crescimento da criança etc.

Estudos, pesquisas e vivências demonstram o quanto é importante os "pais não perderem a infância" dos filhos, principalmente na faixa que vai de 0 a 8 anos de idade, pois é nesse período que a criança está mais aberta a aprender, assim como para os pais esse é um período de farto aprendizado no conhecimento do filho: conhecer suas propensões, suas potencialidades e seus sentimentos. Pais nutritivos valorizam e aproveitam, ao máximo, os momentos em que estão com seus filhos, qualificam esse tempo e não perdem a oportunidade de brincar com eles. O brincar faz parte do aprendizado da liberação das emoções positivas e do estímulo à criatividade.

Recomendo, inclusive, que pais interessados em bem educar e estimular positivamente seus filhos recorram à leitura dos livros *Cinco mentes para o futuro*, e *Inteligências múltiplas — a teoria na prática*, ambos de Howard Gardner[11], para melhor aprenderem a motivá-los, criativamente.

---

[11] **Howard Gardner**, americano, psicólogo, pesquisador, professor de cognição e educação na Universidade de Harvard (EUA) e conhecido, mundialmente, pela sua teoria das Inteligências Múltiplas, sendo uma das suas principais obras *Estruturas da mente — a teoria das inteligências múltiplas*.

Capítulo IX

CONSIDERAÇÕES SOBRE PAIS NUTRITIVOS

A exemplo da sugestão de reflexão feita aos pais, no Capítulo VII, sobre pais críticos, transcrevo, literalmente, também do livro já citado, páginas 53 e 54,   orientações que, em muito, podem auxiliar na adoção ou aprimoramento da postura, que denomino de pais nutritivos.

Os preparadores emocionais (pais)

- Veem nas emoções negativas uma oportunidade de intimidade
- São capazes de gastar tempo com uma criança triste, irritada ou assustada; não se impacientam com a emoção.
- Percebem e valorizam as próprias emoções.
- Veem nas emoções negativas uma oportunidade importante para agirem como educadores.
- São sensíveis aos estados emocionais da criança, mesmo sutis.
- Não ficam confusos nem ansiosos com a expressão da emoção da criança; sabem o que precisa ser feito.
- Respeitam as emoções da criança.
- Não ridicularizam, nem fazem pouco caso das emoções negativas da criança.
- Não dizem como a criança "deve" se sentir.
- Não sentem que precisam resolver todos os problemas para a criança.
- Usam os momentos de emoção para:

  √ escutar a criança;

  √ demonstrar empatia com palavras tranquilizadoras e afetivas;

√ ajudar a criança a nomear a emoção que ela está sentindo;

√ orientar na regulamentação das emoções;

√ impor limites e ensinar manifestações aceitáveis da emoção;

√ ensinar técnicas de solução de problemas.

Efeito deste estilo sobre a criança: ela aprende a confiar em seus sentimentos, a regular as próprias emoções e resolver problemas. Tem a autoestima elevada, facilidade de aprender e de se relacionar com as outras pessoas.

Capítulo X

EDUCANDO FILHOS
COM AUTOESTIMA

*Dar o exemplo não é a melhor maneira
de influenciar os outros. É a única!*

(Albert Schweitzer)

Educar os filhos, para que eles se tornem adultos saudáveis, com elevada autoestima, responsáveis, produtivos e equilibrados emocionalmente, enfim, para que sejam felizes, é um grande desafio para todos os pais. Se, por um lado, não existem regras ou receitas exatas para superar esse obstáculo, por outro lado, é possível afirmar que existem alguns princípios, amparados em pesquisas, estudos e práticas, que, se exercitados com atenção e consciência, podem auxiliá-los nessa tarefa[12].

Destacando que pais com maior disposição para rever ou abandonar preconceitos ou vícios comportamentais, adquiridos em sua própria criação, têm maior possibilidade de colher os melhores resultados nessa jornada educativa. O que significa dizer, também, que pais conscientes são aqueles que estão dispostos a se autoeducarem para melhor desenvolver o papel de educadores dos seus filhos. A seguir, a título de compartilhamento, seguem alguns princípios básicos para bem educar os filhos:

---

[12] Parte desses princípios foi adaptada a partir das ideias do Dr. Laurence Steinberg, conceituado psicólogo americano, da Temple University, autor do livro *The 10 Basic Principles Of Good Parenting* (*Os dez princípios básicos para educar os filhos*).

1. Demonstrar amor e afeto, incondicionais, pelo filho

É saudável e estimulante abraçar, beijar e elogiar o filho, em qualquer idade. Declarar amor por ele por meio de atitudes, gestos ou outras formas de expressão. Ele só será afetivo, na vida, se receber afeto. Ser afetivo não significa mimá-lo. A afetividade é elemento essencial na formação da sua autoestima.

2. Exemplos e atitudes são mais importantes que conselhos

O comportamento dos pais ensina muito mais do que as palavras. O filho observa mais o que é praticado. Seja coerente com o que ensina e o que pratica.

3. A forma de tratar o filho deve mudar de acordo com os seus ciclos de crescimento ou desenvolvimento

O modo de tratá-lo deve ser adequado a cada etapa de seu desenvolvimento, pois o tratamento que foi válido em certa idade, pode ser inadequado em outra. Por exemplo: adolescente não gosta de ser tratado como criança.

4. Tratar o filho com respeito, evitando comparações negativas

Comumente, o filho trata os outros da forma como é tratado pelos pais, e quando comparado negativamente a alguém, tende a sentir-se rejeitado, vindo a desenvolver complexo de inferioridade ou adotar condutas de rebeldia.

5. Envolver-se e participar da vida do filho

A falta de acompanhamento do dia a dia do filho aumenta os riscos de ele se envolver com pessoas inadequadas, com drogas, álcool, delinquência, gravidez precoce (no caso das meninas) etc. Demonstre interesse pelo seu desempenho escolar, suas dúvidas, suas atividades e relacionamentos.

6. Estimular o filho a desenvolver valores e virtudes

Valores ou virtudes como amor, solidariedade, ética, honestidade, trabalho, benevolência, humildade são fundamentais, tanto para seu sucesso material quanto para o seu desenvolvimento emocional e espiritual, uma vez que é benéfico que seu filho se desenvolva de modo integral e harmonioso.

7. Estabelecer limites de modo positivo desde cedo

Na medida em que o filho for crescendo, os limites lhe servirão para adequar o seu comportamento, seja junto à família, na escola ou no convívio social.

8. Objetividade e coerência ao definir regras de comportamento

Se as regras estabelecidas pelos pais mudam todo dia, são logo esquecidas ou negligenciadas. Nesse caso, a responsabilidade pelos desvios ou mau comportamento cabe muito mais aos pais do que aos filhos.

9. Estimular a autonomia do filho com responsabilidade

É comum os pais interpretarem, erroneamente, a busca por autonomia como desobediência, desrespeito ou rebeldia, quando deveriam estimulá-la, associando-a à responsabilidade e ao respeito ao espaço e a diferença dos outros.

10. Explicar decisões e ouvir o que o filho tem a dizer

O filho aceitará, com mais facilidade, as decisões ou preocupações dos pais se entender o sentido delas. Lembre-se: todo diálogo compreende falar e ouvir. Julgar os fatos é melhor que julgar os filhos.

11. Estimular a busca do conhecimento e o uso da racionalidade

Estimular o filho na busca do conhecimento é fundamental para o desenvolvimento das suas potencialidades e aptidões. Pensar e racionalizar também fará a diferença no processo de crescimento, no apuro do senso crítico e do bom senso, e na qualidade das suas escolhas futuras.

12. Evitar castigos físicos e agressões verbais

É recomendável evitar a violência ao punir o filho, pois essa conduta, além de ter efeitos prejudiciais ao seu equilíbrio emocional, serve de estímulo à rebeldia e a outras atitudes destrutivas ou autodestrutivas, a qualquer tempo.

Capítulo XI

SISTEMA DE CRENÇAS LIMITADORAS

*Aquilo em que você acredita
é o que lhe guia a vida...*

(Willes)

Além do trauma do nascimento, da rejeição parental e da educação, vamos encontrar, também, como componente gerador da baixa autoestima, algo que denomino de "sistema de crenças limitadoras", que é formado pela educação desprovida de valores, pelos preconceitos, falsos saberes, informações incompletas e desprovidas de sentido claro, pela ignorância ou influência das predisposições, já enumeradas nos capítulos anteriores. Elementos que, juntos ou em separado, formam ou desenvolvem uma "estrutura de pensamento", baseada em "crenças" depreciativas que o indivíduo remete a si mesmo e à realidade que o cerca.

Quando tratei da "cultura da autodesvalorização", já fiz menção do quanto são danosas, para a formação da personalidade da criança, as sentenças negativas proferidas por pais ou substitutos. Isso porque o aprendizado inaugurado desde a primeira idade, onde grande parte do que é ensinado ou imposto à criança é registrado em seu subconsciente, ou no próprio inconsciente, é assimilado, na maioria das vezes, como ordem de conduta. Portanto, convém reafirmar que a visão negativa da vida, registrada pelo indivíduo, carrega em si as impressões adquiridas desde o seu nascimento.

Em sendo assim, quando o indivíduo, em qualquer idade, percebe a si mesmo e o universo à sua volta por uma "lente de negatividade", ele tende a sentir-se desconfortável, existencialmente.

Tudo se torna, então, muito difícil em sua experiência vivencial, uma vez que essa negatividade se transforma, de certa forma, em um "roteiro" que ele passa a seguir cegamente. São inúmeras as pessoas que vivem a justificar seus fracassos, com frases iguais ou assemelhadas a estas:

— Tudo dá sempre errado na minha vida.

— Para mim, tudo é mais difícil.

— Eu sou mesmo é azarado.

— Esse é o meu destino.

— Ninguém me entende.

— Ninguém se interessa por mim.

— Coitado de mim. Nada que eu faço funciona.

— Eu não consigo...

— Eu não tenho jeito, mesmo.

— Ninguém me compreende.

Às vezes, de tanto repetirem essas sentenças limitadoras, e amoldarem-se a elas, é como se, imaginariamente, carregassem crachás identificando-se como coitados ou perdedores. E, também, de tanto repercutirem essas sentenças, elas acabam se "materializando" e causando-lhes toda sorte de desequilíbrio.

Ao escrever uma série de textos sobre os preconceitos, cheguei à conclusão que, em boa parte da nossa existência, somos dirigidos — mesmo que inconscientemente — por eles. Isso porque o escasso conhecimento da maioria das pessoas sobre quase tudo as impede de ativar seu senso crítico, o que, inevitavelmente, as leva, também, a aceitar uma plêiade de ideias preconcebidas como verdades e, mesmo na ausência de bases, racionais ou lógicas, que as sustentem, passam a segui-las, permitindo que elas lhes dirijam a existência. Em síntese, o "sistema de crenças limitadoras" é alimentado por preconceitos, sejam eles formados pelas impressões negativas que a pessoa registrou da vida em família ou criados pela influência de elementos externos, como escola, religião, sociedade etc.

O "sistema de crenças ou pensamentos limitadores" atua como alimentador da baixa autoestima, o que dificulta ao indivíduo desenvolver a ação adequada, diante de um desconforto ou desequilíbrio, servindo-lhe, também, para justificar muitos de seus fracassos e inépcias. Para confirmar isso, basta prestar atenção naquelas pessoas que, após um insucesso, justificam-se dizendo: "eu sabia que isso era demais para mim", ao invés de admitirem que lhes faltou preparo ou capacidade para enfrentarem este ou aquele desafio.

Esse "pensar" negativo sobre si mesmo pode, igualmente, ser interpretado como um vício, adquirido ao longo do tempo ou, por ser repetitivo, como uma neurose profunda que permeia e condiciona o todo comportamental do indivíduo e suas relações interpessoais.

Um exemplo bem corriqueiro disso pode ser observado no hábito da preocupação, a qual, além de representar um gasto de tempo e energia inútil, é geradora de ansiedade, tensão, e outras ocorrências causativas de instabilidade emocional ou física. Pais e mães, exageradamente preocupados, repassam aos filhos essa prática, levando-os a desenvolver essa conduta como se fosse normal, o que reforça, sobremaneira, algumas sensações crescentes de mal-estar. Dentro dessa concepção — negativa e desarmônica de vivenciar a vida —, as "crenças limitadoras" tornam-se inibidoras da capacidade de transformação e de mudança, servindo, então, ao indivíduo, como "muletas" para amparar seu comodismo.

Não tem sido raro pessoas criarem, para si, um modo de vida baseado em "crenças" do tipo "ninguém me ama" ou "eu não tenho valor", e, sob essa influência, viverem como se fossem umas *coitadinhas* que ninguém gosta ou aceita. Por não serem capazes de um único movimento que favoreça a si mesmas, consideram-se "vítimas do mundo", injustiçadas e abandonadas por todos. Algumas, "doentiamente", chegam a presumir que só lhes resta morrer, transformando-se em "potenciais suicidas" ao cometerem contra si, continuamente, ações autodestrutivas. É possível, inclusive, que este seja o nível mais baixo de autodepreciação que alguém possa vir a possuir, dando causa ao fenômeno que Leonard Orr[13] define como sendo o "desejo inconsciente de morte", que é também um elemento intenso de predisposição de baixa autoestima e, sobretudo, de sintomas depressivos.

---

[13] **Leonard de Orr**, americano, terapeuta, estudioso comportamental e precursor do Renascimento, um "sistema" ou técnica de respiração consciente que a princípio se fundamenta na superação do trauma do nascimento, mas que é também utilizado na superação de outros tantos traumas ocorridos na infância. Ler capítulo sobre Renascimento.

Exemplo: Como já narrei antes, vivi durante muito tempo sob o "estigma da rejeição", gerado pelo abandono paterno e materno, e pelos espancamentos a que fui submetido pelo padrasto. Guiado por crenças autodepreciativas, resultado de todos os traumas vividos, desenvolvi um complexo profundo de inferioridade. E a angústia gerada por esse sentimento de "inadequação" e inutilidade, por diversas vezes, me levou à conclusão de que a única saída para pôr fim a tanto desconforto era colocando fim à minha própria vida. A minha primeira tentativa de morrer aconteceu aos 8 anos de idade, durante uma das minhas fugas, após ter sido espancado pelo meu padrasto. E até os 29 anos de idade, alternando estados de grande ansiedade e depressão, foram oito tentativas frustradas de suicídio, às quais creio ter sobrevivido, talvez, porque havia algo em meu ser que era mais forte do que o meu *desencanto* pela vida. Alguma "possibilidade" que me acenava com a perspectiva de obter algo melhor de ser vivido; um fio, mesmo que tênue, de fé e autoestima que nutria minha esperança de vencer os transtornos a que estava submetido.

Desde a minha infância, desenvolvi um gosto excepcional pela leitura. E, entre outros fatores, entendo que esse hábito, somado à afetividade e aos valores recebidos da minha mãe adotiva, foi uma das "ferramentas" que mais me auxiliaram nessa minha empreitada de superação. Foi, também, por meio do conhecimento e do afeto recebido que consegui alimentar, gradativamente, um conceito afirmativo de mim mesmo, o que fortaleceu a convicção de que eu era suficientemente capaz de "dar a volta por cima", de desenvolver atitudes que fossem benéficas e construtivas para mim. Se em algum momento as "crenças negativas" me envolviam, em outros eu conseguia substituí-las por "conceitos" encorajadores que me permitiam vislumbrar dias melhores.

Lembro, ainda, que, nos tempos vividos entre a rua e os abrigos de menores, onde a delinquência era sedutora e se apresentava como forma de mostrar ao mundo minha revolta e rebeldia, eu resisti amparado nos bons valores aprendidos com minha mãe adotiva, que plantou em mim "centelhas de amor". Referência que hoje entendo como básica para manter minha autoestima elevada.

Ao finalizar este capítulo, creio ser importante ressaltar que as situações que até agora denominei como predisposições ou causas contributivas para a baixa autoestima ou para a sua ausência, mantêm, entre si, uma inter-relação. Ou seja, cada uma delas pode deflagrar ou contribuir para a existência da outra, ou agirem concomitantemente.

O sentimento de rejeição, por exemplo, pode concorrer para a formação do "sistema de crenças limitadoras", porque o indivíduo, ao sentir-se rejeitado, cria, inevitavelmente, uma ideia depreciativa de si mesmo. E, por não entender o porquê de ser rejeitado, pode vir a culpar-se por não obter a aceitação desejada, dando ensejo, então, ao surgimento de outras crenças, de igual teor, acerca do mundo, da vida e das pessoas que o cercam.

É importante, ainda, advertir que alguns desses elementos, aludidos como causas da baixa autoestima, possuem uma complexidade que vai além das ideias até aqui expostas. Porém, o intuito destas referências é o de aguçar a racionalidade do leitor para uma apreciação mais apurada de tudo quanto possa dar existência ou contribuir para sua autoestima. A intenção é evidenciar que a autoestima é algo mais profundo do que, às vezes, por falta de conhecimento e de uma análise mais criteriosa, imagina-se.

Parte 2

O FOCO NA AUTOESTIMA

As pessoas de elevada autoestima não sentem motivação para se tornarem superiores às outras. Não buscam demonstrar seus valores comparando-se aos outros. Seu contentamento está em ser quem são, não em serem melhores do que os outros.

(Allan S. Watterman)

Capítulo I

A ESSÊNCIA DO AMOR POR SI MESMO

Pessoas incapazes de desenvolver e vivenciar amor por si mesmas, possuem menor capacidade de amar os outros.

(Willes)

Nesse vasto tempo em que venho falando, vivenciando, escrevendo e refletindo sobre autoestima e outros temas comportamentais, não raro, encontro pessoas que me questionam quando falo a propósito de "amar a si mesmo". São indagações sobre egoísmo, narcisismo e outros elementos assemelhados que, em verdade, fogem à gênese do amor, por adentrarem polaridades negativas ou estereotipadas de sentimentos que em nada se assemelham a posturas amorosas. Talvez a razão de todas as perguntas esteja no medo que as pessoas têm do amor. Sei que é meio paradoxal, mas muitos dos que procuram o amor temem encontrá-lo. Às vezes, por não estarem preparados para a entrega que ele exige. Daí a razão de algumas indagações: qual seria o medo de amar a si mesmo? O que isso esconde? Será que quem ama a si mesmo deixa de amar aos outros?

A princípio, creio eu, toda dificuldade de compreensão do autoamor ancora-se no escasso saber que temos sobre o amor, propriamente dito, e na noção, desvirtuada ou reducionista, do que vem a ser a sua prática. Isso somado ao precário modo afetivo ao qual a maioria dos indivíduos está submetida (ver capítulo sobre a afetividade e autoestima).

O "sistema educativo", baseado no que chamo de "pedagogia do medo", há muito utilizado por pais, escolas e religiões, foi, e ainda é, elemento impeditivo na formação da "consciência afetiva" e do quanto ela é importante. E mais, as deformidades desse sistema, pobre em valores, princípios edificantes e libertadores, é o que nos impele, cada vez mais, à desvalorização e banalização de sentimentos e emoções que, a priori, deveriam ser naturais. Desse modo, declarar amor por si mesmo nos dias de hoje, para muitos, até parece uma heresia, uma afronta ao desamor vigente. É como se alguém dissesse:

— Você está louco? Tanta gente precisando de amor e você vem falar de amar a si mesmo! Não vê que pode ser perigoso contrariar a ordem das coisas?

Se amar se aprende amando, é bom saber que você é o centro desse aprendizado. Vale ainda ser considerado, para efeito desta reflexão, que, muitas vezes, por não possuirmos a concepção mais elevada do amor, temos dificuldade em saber quando, verdadeiramente, amamos ou somos amados. Razão pela qual temos confundido amor com posse, exclusividade, sofrimento, submissão, com "agradar sempre", com a anulação de si mesmo etc. Porém, sem me ater a discussões filosóficas que tentam explicar o amor, ora como sendo uma virtude, ora como um sentimento, ou, ainda, estabelecendo outros diferentes parâmetros para abordá-lo, digo que o amor é fazer o bem. A consciência do bem leva ao amor e, onde não existe o bem, não há amor. Diferentemente do que dizia Nietzsche[14]: "o que se faz por amor está acima do bem e do mal", repito que o amor é o bem; logo, amar a si mesmo é o bem que se faz a si próprio.

Sob a ótica da autoestima, amar a si mesmo significa ter clareza para optar pelo melhor para si próprio. É, como se refere Divaldo Pereira Franco[15]: "uma proposta consciente de evolução existencial".

Eleger conscientemente o melhor para si mesmo não significa ter tudo para si, o que seria egoísmo. O autoamor é qualitativo, não se trata de posse, de bens materiais, pelo contrário, trata-se de qualidade afetiva, de aprimoramento existencial, de almejar o mais perfeito para si: melhor saúde, melhor equilíbrio, melhores amizades, melhores relacionamentos, melhores escolhas.

---

[14] **Friedrich Nietzsche** foi um influente filósofo de cidadania alemã, embora tenha nascido na antiga Prússia. Escreveu algumas obras consideradas clássicas, como: *Além do bem e do mal* e *Assim falou Zaratustra*. É considerado o filósofo do inconformismo.

[15] **Divaldo Pereira Franco**, professor, escritor e orador espírita de renome internacional.

Toda pessoa com dificuldade de amar a si mesma, tem dificuldade de amar a outrem. E isso obedece a uma lógica: *"se você não tem motivação suficiente para fazer o melhor por si mesmo, como conseguirá fazê-lo pelos outros?"* O amar a si mesmo se reflete no modo como você ama aos outros. Quem não se ama, não ama a ninguém! Pode até cometer o autoengano de pensar que ama, de falar que ama, mas sempre estará mascarando o verdadeiro amor. Você somente dá o melhor ao outro, quando cultiva o melhor dentro de si. Ame-se para aprender a amar aos outros.

Capítulo II

UM SENTIMENTO INTERIOR

*Autoestima é o juízo de valor
que você tem de si mesmo.*

(Willes)

Se, até agora, foram abordados diversos aspectos que envolvem autoestima, incluindo a menção das predisposições e outras ocorrências que influenciam sua constituição, a partir deste capítulo abordarei, com maior objetividade, os múltiplos elementos — alguns fundamentais — que a compõem. Desta forma, é importante destacar duas vertentes que vão nortear, conjuntamente, os capítulos que se seguirão. A primeira tem como finalidade dar clareza a uma definição de autoestima aceitável e inteligível, proporcionando, também, nitidez a seus componentes e a outras peculiaridades, que a tornam tão importante e decisiva para a jornada de superação de todo indivíduo. A segunda implica *elencar* ações que serão úteis tanto para melhorar a compreensão da autoestima de cada indivíduo em particular quanto para torná-la consciente e nutri-la, de tal forma que ela permaneça em constante equilíbrio.

Definir a autoestima, à primeira vista — devido às banalizações já citadas —, pode parecer simples, mas não é, uma vez que se trata de um elemento interno, íntimo, integrado à personalidade do indivíduo e, como tal, pode ser compreendido, também, como um ente subjetivo ou inconsciente. Daí que a verificação concreta da autoestima só é possível quando observamos o lado comportamental da pessoa, quando analisamos o modo como ela interage com os outros e com o mundo que a cerca, ou, ainda, como ela reage às situações que se apresentam em sua vida.

A autoestima é o conceito, ideia ou juízo que o indivíduo tem de si mesmo. De modo mais simples, gosto de afirmar que a autoestima é a "noção do valor" que o indivíduo tem de si próprio. Isso por entender que, em cada uma das suas atitudes, consciente ou inconscientemente, ele deixa vir à tona o apreço que tem por si mesmo; o amor que tem por si próprio.

No cerne de tudo que você realiza, está contida a revelação do quanto confia, estima e respeita a si mesmo. A sua postura diante das mais variadas situações existenciais é a mais profunda expressão da sua autoestima, de como você se percebe intimamente, sem disfarces ou subterfúgios. Para enriquecer esta explanação, eis o que diz Nathaniel Branden[16], americano, doutor em psicologia e estudioso sobre o assunto:

> A autoestima, seja qual for o seu nível, é uma experiência íntima; reside no cerne do nosso ser. É o que eu penso e sinto sobre mim mesmo, não o que o outro pensa e sente sobre mim. A autoestima não é a euforia passageira ou animação proporcionada por uma droga, uma bebida, ou, pelo elogio de alguém (Branden, 1997, p. 12).

Outras variações de definições que, igualmente, são usuais em minhas abordagens em palestras, textos etc.: "autoestima é a medida ou expressão de quanto você se autovaloriza, de quanto você se ama e confia em si mesmo, de quanto você se respeita". A autoestima sempre se remete ao conceito que o indivíduo tem de si próprio, que, como já vimos anteriormente, é constituído desde o seu nascimento.

Outro enfoque, que também considero relevante — quando tratamos da autoestima —, é o de que, para a maioria dos indivíduos, a autoestima é um "ente" psicológico, inconsciente. E isso se dá, principalmente, em razão de a nossa cultura educacional ser precária. Sobretudo no que diz respeito a estimular, nos indivíduos, a busca

---

[16] **Nathaniel Branden**, americano, doutor em psicologia com formação em filosofia, estudioso da autoestima, tem vários livros dedicados ao assunto, alguns sem publicação no Brasil. É um autor com o qual tenho grande identificação, pois foi em seus estudos que, a partir de 1997, passei a fundamentar a minha prática como autodidata, no campo da autoestima, que se iniciara em 1985 — ano em que comecei a fazer palestras, dirigidas, inicialmente para pais, adolescentes e jovens, amparadas, apenas, em minhas próprias vivências e alguns conteúdos filosófico-comportamentais.

do conhecimento de si mesmo e da edificação do seu senso crítico, principalmente em relação às influências externas que o submetem a viver desta ou daquela maneira. Sem esse conhecimento, como a pessoa irá compreender que suas ações, sejam elas positivas ou negativas, espelham quem ela é intimamente? Como irá analisar a noção de valor que tem de si mesmo?

Há também um equívoco bastante contumaz sobre a autoestima, devido à já mencionada superficialidade do conhecimento corrente, que é o de ampará-la no julgamento formulado pelos outros. Ignorando-se que, em algumas situações, muitos dos elogios que são dirigidos à pessoa podem servir unicamente aos interesses manipulativos daqueles que os emitem. A autoestima que se alimenta, somente, da aprovação alheia corre o risco de mostrar-se vazia e efêmera, posto que, para ser duradoura, ela necessita do suporte interno que só a própria pessoa poderá dar.

Por fim, ratificando o que já foi dito, independentemente da definição que se dê à autoestima, é importante ter claro que sua interioridade e singularidade são seus elementos substantivos, e a forma mais clara de observá-la está na maneira com que a exteriorizamos em nosso contexto comportamental, uma vez que essa espécie de juízo de valor — que temos de nós mesmos — influencia intensamente o modo como pensamos, sentimos e expressamos as nossas emoções; como julgamos nossas experiências, determinamos nossas escolhas e validamos nossos valores e propósitos existenciais. Dessa maneira, tanto a definição quanto a expressão da autoestima devem ser entendidas, não pela vulgarização ou pelo simplismo com que se fala dela, mas pelas suas características mais profundas, que se encontram alojadas no âmago do nosso ser psicoemocional e, inclusive, naquele "espaço" que Freud denominou de "inconsciente".

Amparado na linha de pensamento até aqui manifestada, é possível, ainda, asseverar que compreender o sentido da autoestima, torná-la consciente e transformá-la, adequadamente, é tarefa de uma nova e qualificada dinâmica mental, uma vez que ela é fator essencial de libertação psicológica e instrumento capital de sobrevivência. Nada é mais importante para a superação das nossas deficiências existenciais do que a qualidade da apreciação que alimentamos a nosso próprio respeito.

Urge que compreendamos a integralidade e a força da autoestima, pois ela é algo imprescindível para expandirmos nossa habilidade para obtermos maior qualidade de vida, em seus mais variados aspectos ou setores. Apesar de estarmos vivendo num tempo em que muitos dos valores humanos, e até mesmo espirituais, têm sido substituídos por necessidades supérfluas ou artificiais, ditadas por paradigmas essencialmente materialistas, não devemos negligenciar em desenvolver a nossa autoestima, pois, ao ignorá-la, deixamos, na verdade, de conhecer intimamente a nós mesmos, impedindo que muitas das nossas competências sejam reconhecidas e desenvolvidas. Quando nos conscientizamos sobre a importância e a dinâmica da autoestima, ampliamos, decisivamente, a possibilidade de melhor considerarmos as nossas escolhas, tornando-as racionais, eficazes e, consequentemente, geradoras de equilíbrio e bem-estar.

Capítulo III

O VALOR DA AUTOESTIMA

*A autoestima alimenta
a capacidade de superar
adversidades.*

(Willes)

Quando afianço que a autoestima é uma necessidade psicológica fundamental para a sobrevivência humana, o faço por perceber que a sua ausência ou desequilíbrio compromete a capacidade de funcionamento adequado do indivíduo perante a vida. E notem que, quando discorro sobre a autoestima, em relação à vida, me refiro a um viver com qualidade, ao bom uso de todas as capacidades humanas, focado na autorrealização, que é também imperativo para sermos aquilo que desejamos ser, em um patamar elevado.

Desse modo, o valor da autoestima está intimamente ligado à maneira como percebemos as nossas competências e as desenvolvemos. Quando não conhecemos os fundamentos daquilo que nos motiva existencialmente, ou do que é mais adequado para agirmos com maior lucidez em nossas escolhas, vivemos às cegas, ao sabor dos acontecimentos ou dos ditames dos outros. Diversamente do que acontece quando temos a autoestima elevada, porquanto ela nos serve como referência em tudo que fazemos, ampliando em nós a consciência de quem somos e daquilo que melhor nos satisfaz e realiza.

Em sua teoria sobre a hierarquia das necessidades, ou sobre elementos que nos motivam, Maslow[17] destaca a necessidade de autoestima como uma "carência" a ser suprida na escala evolutiva do homem. Embora discorde da posição em que ele coloca a autoestima em sua pirâmide[18] — por entender que, após o suprimento das necessidades fisiológicas básicas, a busca por ela é fundamental para prover, com maior apuro e eficiência, as demais aspirações do indivíduo —, o fato de apresentá-la em uma teoria de tamanho relevo para o entendimento das motivações humanas, corrobora o seu valor, aqui conferido.

Ao compreendermos que viver é um constante embate de superação, verificamos ser inegável a necessidade da autoestima como elemento motivacional de primeira grandeza. Dessa forma, o valor da autoestima não se sustenta apenas pelo ensejo de ela permitir que nos sintamos melhor, mas por ela nos permitir viver melhor, ao reagirmos apropriadamente aos desafios e às oportunidades que a vida nos faculta.

---

[17] **Abraham Maslow** (1908-1970), americano, psicólogo e estudioso do comportamento humano, autor da teoria da hierarquia das necessidades humanas. De acordo com Maslow, as necessidades fisiológicas, como alimentação, abrigo, descanso, sono, sexo etc., compõem a sobrevivência do indivíduo e a preservação da espécie. As necessidades de segurança constituem a busca de proteção contra as ameaças, perigos ou privações. As necessidades sociais incluem a necessidade de associação, de participação, de aceitação por parte de grupos sociais, de troca de amizade e de afeto. A necessidade de estima envolve, entre outros elementos, a autovalorização, a autoconfiança, a adequação, a autonomia etc. As necessidades de autorrealização são as mais elevadas, no sentido de motivar, cada indivíduo, a realizar suas mais altas aspirações, desenvolvendo, ao máximo, suas potencialidades e o contínuo aperfeiçoamento.

[18] Na chamada pirâmide da hierarquia das necessidades de Maslow, elas estão assim colocadas, em ordem ascendente: necessidades fisiológicas, necessidades de segurança, necessidades sociais; necessidades de estima, necessidades de autorrealização.

Capítulo IV

A MANIFESTAÇÃO DA AUTOESTIMA

*Nossas atitudes, condutas e escolhas são
manifestações da nossa autoestima.*

(Willes)

A autoestima é manifestada, a todo tempo e lugar, em nossa existência. Quer tenhamos consciência dela ou não, é um elemento básico a nortear nossas escolhas e atos. Partindo do princípio, já mencionado, de que a autoestima é um *ente* latente abrigado em nosso interior, podemos asseverar que ela se manifesta sempre que pensamos ou agimos. Não existe uma só ação nossa que não esteja em conformidade com o grau da autoestima que apresentamos no momento. Daí que, quanto mais a aperfeiçoarmos, melhor ela nos servirá de sustentação, em nossas escolhas vivenciais.

Elementos como autovalorização, autoconfiança, autoeficiência, autorrespeito, autorresponsabilidade, autoaceitação, autodetermina-ção e outros, explícitos ou implícitos no conteúdo deste livro, são, também, designações de caracteres representativos da autoestima, cujas manifestações vão se tornar visíveis, por intermédio dos pensamentos e posturas que a pessoa venha a assumir em seu dia a dia. Onde estivermos, a nossa autoestima estará em evidência, seja na família, no trabalho, na convivência social, nos relacionamentos etc. E ela se revela — de maneira, aparentemente, simples — por meio de palavras, gestos, tom de voz, expressão corporal; modo de apresentação, de vestir, de alimentar-se, de cuidar da saúde, da higiene etc.

A pessoa que possui a autoestima elevada demonstra, por exemplo, satisfação de estar atuando de modo positivo em seu viver. Seja na maneira como se expressa, como se comporta e se *movi-*

menta, seja no modo sereno como fala, direta e francamente, dos seus sucessos, ou de suas dificuldades e limites, encarando a vida com realismo e tranquilidade. Também se sente confortável quando recebe ou dá elogios, quando externa afeição e consideração e está sempre aberta a incorporar novos conhecimentos, novas ideias, experiências e possibilidades para o seu aprimoramento existencial.

No caso da baixa autoestima ela é manifestada, negativamente, no semblante tenso ou apreensivo da pessoa e em sua postura corporal, mormente, taciturna ou debilitada. Nos medos, geralmente, exacerbados, na depressão, na ansiedade, no comodismo, na desesperança, no desânimo, na falta de motivação, nas más escolhas, nos hábitos negativos, nos vícios, na fuga da responsabilidade para com a própria vida.

A pessoa com baixa autoestima dá lugar em sua existência a uma gama considerável de desconfortos, que se expressam no sentimento de inferioridade ou incapacidade que vive a proclamar. Em síntese, a baixa autoestima é manifestada nas mais distintas maneiras de a pessoa "comunicar" o seu temor de viver. A condição de vítima que muitos indivíduos assumem perante fatos e pessoas, talvez seja a mais visível manifestação da baixa autoestima que possuem.

Manifestamos nossa autoestima em todos os afazeres diários. E, para que sejamos bem-sucedidos nesta tarefa admirável que é a nossa jornada de superação, é importante não perdermos de vista que ela, quando positiva, ampara e estimula a racionalidade, o realismo e a autonomia. Além da flexibilidade, intuição, criatividade e competência para enfrentar novos desafios, ela também motiva a humildade para admitir e corrigir erros, a benevolência e o espírito cooperativo. Enfim, o importante é não desperdiçarmos oportunidades de manifestarmos, a todo tempo e lugar, de maneira afirmativa e clara, o conceito maior que temos a respeito de nós mesmos, a convicção consciente de que somos responsáveis por fazer a diferença em nossa própria vida e no universo.

Capítulo V

O PRINCÍPIO DA AUTOACEITAÇÃO

*A autoaceitação, quando consciente,
não implica resignação ou comodismo.
Ela é reativa, e o propósito é fazer-se melhor.*

(Willes)

Notadamente, certas palavras ou termos, por serem usados de modo inadequado ou vulgar, perdem-se do seu real conteúdo, dando margem a interpretações errôneas, ou até mesmo servindo de instrumento de manipulação ao transmitirem ideias equivocadas e contrárias àquilo que, verdadeiramente, significam. Com o termo "autoaceitação", o qual designa um dos componentes da autoestima, isso repetidamente acontece, gerando um falso entendimento do seu significado e importância. Num curso sobre autoestima, por exemplo, uma participante me disse:

— Mas eu não consigo me aceitar, assim como sou. Eu quero mudar... — Então, respondi-lhe:

— Mas quem disse que, ao se autoaceitar, você não pode mudar? — Ela concluiu:

— Já me disseram que devo conformar-me com a minha vida, aceitá-la assim como ela é.

Observem que, nesse diálogo, fica patente o equívoco no modo de compreender o que seja a autoaceitação, o que é fruto do desconhecimento ou de um aprendizado impróprio, onde a pessoa confunde autoaceitação com conformismo.

Aliás, esse tipo de entendimento inapropriado da realidade é bastante contumaz, e deve-se, sobretudo, à precária cultura educacional da maioria das pessoas, que, além da influência negativa da educação familiar e escolar, é impregnada do ensino religioso, onde algumas doutrinas ensinam, até hoje, que todo indivíduo deve *aceitar* suas deficiências ou dificuldades como se elas fossem obra de Deus, como se tudo estivesse determinado a ser como é.

Conclusão: é essa crença no determinismo[19] que tem impedido a evolução e o crescimento de um estimável número de indivíduos, levando-os a acomodarem-se a situações de desequilíbrio, sofrimento e fracasso. E isso só pode ser transformado quando a pessoa sente a necessidade de mudar; quando sente que não dá mais para prosseguir, acumulando desconfortos, e que algo precisa ser feito para melhorar o seu viver.

Sob o ponto de vista da reestruturação da autoestima ou da busca de um modelo para um viver mais equilibrado, que é o enfoque deste escrito, autoaceitação significa, na verdade, o reconhecimento consciente, pelo indivíduo, *das suas qualidades e limites*, visando a sua evolução a partir dessa constatação íntima. Não se trata de uma aceitação passiva das deficiências, mas da compreensão ativa delas, visando investir em suas capacidades pessoais para superá-las. Nathaniel Branden, referência já citada anteriormente, diz o seguinte sobre o assunto:

> A autoaceitação não implica numa ausência da vontade de mudar, melhorar ou evoluir. A verdade é que ela é uma pré-condição de mudança. Se aceitarmos de fato do que somos e sentimos, a qualquer momento de nossa existência nós poderemos nos permitir ser plenamente conscientes da natureza de nossas escolhas e atos; e nosso desenvolvimento não será bloqueado (*Branden*, 1997, p. 43).

Em síntese, então, podemos admitir que toda pessoa que promova sua autoaceitação de modo pleno e afirmativo, tende a aumentar sua autoestima, tomando para si a responsabilidade de tornar sua vida muito mais edificante e prazerosa.

Para tornar ainda mais claro o conceito já emitido, podemos, também, afirmar que a autoaceitação ampara-se na consciência plena que o indivíduo tem de si mesmo. De quem ele é, verdadeiramente, no mais profundo do seu ser. Isso sem sujeitar-se ao crivo do que

---

[19] O determinismo é a teoria filosófica de que todo acontecimento é explicado pela determinação, ou seja, por relações de causalidade.

os outros acham ou pensam a seu respeito. Aliás, pessoas que se preocupam excessivamente em ser aceitas pelos outros, dificultam a aceitação de si mesmas. Sendo assim, se autoaceitar é uma decisão pessoal ativa, porque, ao ter a máxima clareza de suas qualidades, a pessoa compreende suas dificuldades ou "deficiências", não como algo insuperável, mas como algo possível de ser transposto.

Enfim, a autoaceitação consciente promove na pessoa o reconhecimento da sua totalidade, e isso, com certeza, a motivará a fazer as transformações existenciais a que aspira. Quem conhece bem a si próprio, conhece também o que é melhor para si e estabelece, conscientemente, propósitos e metas para sua vida. E, por alimentar seu autorrespeito e sua autoconfiança, passa a viver também em um estado de harmonia consigo mesmo, além de usufruir com maior eficiência das oportunidades que lhe são ofertadas. Além do que, seus relacionamentos interpessoais, de modo geral, ganham em qualidade e prazer ao vivenciá-los com maior autenticidade.

Vale destacar, ainda, que muitos indivíduos são infelizes por viverem o tempo todo desejando ser aceitos pelos outros, por tornarem-se dependentes dos conceitos ou preconceitos alheios. Fazem isso de modo contumaz e, mormente, abdicam de suas qualidades, desejos e sonhos, para moldarem-se àquilo que acham que vai agradar aos outros. Portanto, essa postura, baseada na falta de autoaceitação, além de ser uma declaração de baixa autoestima, é o reconhecimento da falta de competência pessoal para poder ser e viver de acordo com seus próprios princípios ou valores.

Autoaceitar-se, então, é como se o indivíduo, num determinado momento da sua jornada vivencial, olhasse no espelho e, conscientemente, dissesse para si mesmo:

— Esta pessoa sou eu. Com qualidades e imperfeições, eu me aceito, plenamente, e comprometo-me a superar-me e realizar muito mais e melhor por mim.

Capítulo VI

AUTOVALORIZAÇÃO

*Você é a única pessoa capaz
de determinar o seu real valor.*

(Willes)

Seguindo nesta rota elucidativa da autoestima, é importante reafirmar que ela congrega, em si, diversos elementos geradores e estimuladores de capacidades e posturas que, quando *tornados conscientes*, estabelecem uma dinâmica que proporciona ao indivíduo uma vida mais equilibrada e saudável. Por isso, com ênfase em uma linha mais didático-explicativa, pretendo destacar, nos capítulos que virão a seguir, os componentes que julgo mais significativos, visando, com isso, dar maior clareza e proporcionar o melhor aproveitamento prático desses saberes.

A autovalorização é, sem dúvida alguma, o elemento de maior vigor da autoestima, porque ela é diretamente representativa da *noção de autovalor*, ou valor pessoal, que o indivíduo percebe ou reconhece em si mesmo, já que é a partir desse autoconceito que ele vai, ou não, desenvolver outros predicados e competências, que irão influir, sobremaneira, na condição da sua autoestima como um todo e, por consequência, na qualidade do seu padrão vivencial.

Dessa maneira, a autovalorização — vista com a profundidade que lhe cabe — é um dos elementos de sustentação da autoestima e traz em si o impulso motivador de posturas comportamentais positivas de que o indivíduo tanto necessita para fazer-se presente, de maneira afirmativa, em sua procura por um viver equilibrado e satisfatório, acrescentando, ainda, que a esse componente é que está vinculada a sua capacidade de superação, no que concerne à sua jornada rumo a sua autorrealização. Em síntese, é esse autoconceito afirmativo de si mesmo que irá nortear o seu destino, que irá lhe servir de suporte na definição de suas escolhas presentes e futuras.

Por outro lado, quando o indivíduo desconhece seu autovalor ou não consegue perceber-se como portador de qualidades ou aptidões de caráter prático e construtivo, viver se torna penoso e assustador, pois, nos momentos mais decisivos de sua vida, lhe faltam maior reatividade e coragem para confrontar a realidade a ser enfrentada ou modificada. É aí, então, que ele se sentirá incapaz de persistir em sua jornada existencial e se entregará ao derrotismo, ora culpando os outros, ora culpando o universo e a própria vida pelos seus insucessos. Por "ignorar" sua capacidade de reconhecer-se melhor do que aparenta ser, ele fatidicamente poderá aderir a uma rota autodestrutiva, que o fará perder-se de si próprio e embrenhar-se por *atalhos viciosos*, geradores de consternação e frustração.

O baixo conceito de valor pessoal ou a sua total ausência compromete, significativamente, a autorrealização individual, pois, sem esse componente no alicerce da sua personalidade, o indivíduo sentir-se-á sempre em posição de inferioridade nos seus *embates* existenciais. Dificilmente, por exemplo, pessoas que cometem ações autodestrutivas, se indagadas, vão admitir que elas não se autovalorizam. Mas, se convidadas a analisar suas atitudes racionalmente, provavelmente concluirão que a ausência de compreensão de seu valor pessoal é o que as leva a agirem de modo impulsivo, atentando contra a própria vida. Eu sei disso, não somente em função de estudos e da vivência terapêutica, mas por ter passado um tempo considerável da minha vida numa "corda bamba" entre viver ou morrer.

Atentei, consciente ou inconscientemente, contra minha existência, inúmeras vezes. Porém, só me foi possível sair desse estado por conta do conhecimento profundo de mim mesmo, o que me levou a compreender, racionalmente, que, se por um lado eu tinha motivos que me levavam a um sentimento de inaptidão, ante qualquer empecilho, por outro lado reconhecia-me também como portador de qualidades favoráveis e úteis para seguir em frente. Nada indolor, mas, dessa forma, como que num rasgo de lucidez, abri os "olhos da consciência" e me descobri possuidor de valores e aptidões que só a mim competia desenvolver. Foi aí, a partir desse instante de encontro existencial, fecundo, que passei a me perceber de modo mais positivo e, pouco a pouco, fui me despindo dos traumas, preconceitos, frustrações, bloqueios e crenças que tinham dado origem a um autoconceito negativo de mim mesmo. Consequentemente, após essa compreensão acerca de mim mesmo, reagi com maior eficiência àquelas limitações, outrora vistas como insuperáveis.

Assim, vale repetir que as situações já descritas como predisposições para a baixa autoestima influenciam, sobremaneira, a formação da ideia de valor que o indivíduo cria de si mesmo, gerando, por consequência, sentimentos como de inutilidade, inferioridade e de inabilidade pessoal, que fazem com que ele perca a fé em si mesmo e sinta-se fraco e incapaz diante das dificuldades que, porventura, venha a experimentar. O medo de errar ou de não ser aceito pelos demais é próprio de quem, por sentir-se inferior, desconhece seu valor pessoal. E mais, quem não se autovaloriza torna-se, facilmente, objeto de manipulação e de submissão, já que, por sentir-se desconfortável consigo mesmo, e não confiar em suas capacidades reativas, sente dificuldade em contrapor-se às opiniões alheias.

A importância da autovalorização está, sobretudo, em que ela, praticamente, define a qualidade da autoestima do indivíduo. Pessoas com alto nível de autodesvalorização, ou seja, que têm dificuldades em reconhecer ou aquilatar o seu valor pessoal, por certo serão pessoas de baixa autoestima. Dessa maneira, elas enfrentarão consideráveis dificuldades em suas vidas, já que uma das características determinantes, nesse nível comportamental, é o de se sentirem inadequadas à vida, ou seja, de se sentirem "erradas" como pessoas, de se considerarem incapazes para qualquer feito que lhes exija maior coragem, ânimo ou ousadia. A autovalorização é uma espécie de "convicção interna" que, agindo de dentro para fora no indivíduo, lhe serve como agente motivador de sua conduta; é ela que impulsiona e valida o predicado da eficiência pessoal, elemento de excepcional importância em suas conquistas.

O conceito de autovalor, conforme até aqui descrito, remete-nos à conclusão de que, para aferir a intensidade dele e validá-lo, conscientemente, é necessário ter um conhecimento prévio dos elementos subjetivos, que amparam o seu conteúdo. Daí que, para torná-los explícitos, é necessário um exercício de busca interior, individual, visando realizar um Inventário Pessoal[20] dos seus "pontos fortes", como, por exemplo: quais são os valores, princípios ou crenças que lhe guiam a vida? Quais são as suas referências afetivas positivas? Quais são as suas qualidades melhor alicerçadas? Quais são as suas habilidades e outros predicados de grande valor? Entre as suas capacidades, quais são aquelas que você considera mais eficazes? Aí, você deve estar se perguntando: e as minhas deficiências? Bem, elas também devem ser consideradas e reconhecidas, não para lamentá-las, mas para confrontá-las e superá-las. Acredito que, à medida que os "pontos fortes" são aperfeiçoados e manifestados, os pontos considerados deficientes, gradativamente, vão perdendo força ou significado e se transformando. O grande vício que proporciona fracassos existenciais colossais é o de valorizar, sobremaneira, os "pontos fracos", as inaptidões. Por isso, nesta breve prédica, me atenho mais aos "pontos fortes", por acreditar que somente alguém que conheça o conteúdo positivo que lhe permeia a existência, superará suas deficiências e formará um conceito afirmativo de si mesmo.

O indivíduo, quando se autovaloriza por conseguir, racionalmente, tornar perceptível, para si mesmo, suas qualidades, valores e aptidões, promove o revigoramento da sua disposição de enfrentamento dos embates inerentes à sua lide existencial. Posso afirmar, inclusive, que é esse entendimento real de si mesmo que vai dar origem ao desenvolvimento de outros tantos elementos e capacidades, também importantes, de que tratarei a seguir.

Exemplo pessoal sobre autovalorização: em 1976, estava em Cachoeiro de Itapemirim (ES), minha terra natal, tentando reestruturar minha vida, após o abalo da perda de um irmão muito querido, vítima de homicídio em Ponta Grossa, no Paraná, em 1975, onde morei anteriormente. Mesmo estando motivado com a minha volta aos estudos, depois de muitos anos (estacionara no segundo ano ginasial à época), eu não estava me sentindo confortável, existencialmente. Nutria um sentimento de inferioridade tão grande dentro de mim que, quando alguém, ao elogiar minha inteligência, me sugeriu fazer inscrição para um concurso do Banco do Brasil, repeli a ideia, prontamente, dizendo que aquele emprego não era para mim. Recordo que disse, na época, que eu não tinha inteligência para tanto.

---

[20] De modo mais completo, inicialmente é esse Inventário Pessoal que recomendo como um exercício terapêutico de reconhecimento de si mesmo, para depois construir um Plano Pessoal de Metas.

Passados dois anos, agora em Belo Horizonte (MG), já cursando Filosofia na Universidade Federal de Minas Gerais, novamente alguém me recomendou fazer concurso para a Caixa Econômica Federal ou para o Banco do Brasil. Dessa vez, contando com amigos que me estimulavam constantemente, e vivendo um processo de redefinições em minha vida — sentindo-me muito mais confiante em minha capacidade de superação —, me propus a enfrentar os concursos. Fui reprovado uma vez, mas não desisti e cuidei de preparar-me, com maior afinco, para os próximos. Ainda em Belo Horizonte, consegui melhores empregos e, em 1981, residindo em Manaus, no estado do Amazonas, passei num concurso para o Banco do Estado do Amazonas e, meses depois, fui aprovado no concurso para o Banco do Brasil, onde trabalhei até aposentar-me. Foi assim, entre idas e vindas, que, na prática, entendi o sentido da autovalorização e, consequentemente, da autoconfiança.

Capítulo VII

AUTOCONFIANÇA

Confiar em si mesmo é acreditar em sua capacidade de vencer desafios.

(Willes)

A partir do momento em que o indivíduo descobre ou aprimora o seu autovalor — o que, repito, se faz tornando conscientes as qualidades, habilidades e competências que todo indivíduo tem latentes ou, às vezes, até esquecidas dentro de si —, surgem, então, dois outros importantes componentes da autoestima, que merecem ser considerados e aprimorados: o primeiro é a autoconfiança e o segundo é a "competência pessoal", que, em síntese, poderíamos definir como a capacidade de autoeficiência, ambos agindo de forma a se alimentarem mutuamente. Aliás, é bom esclarecer que, na dinâmica da autoestima, todos os elementos que a compõem atuam de forma conjunta, de modo que sempre há um câmbio motivacional entre eles. Aqui, no contexto desta obra, trato-os, às vezes, em separado, apenas para efeito de melhor fixação do conhecimento e aprendizado.

Autoconfiança é a capacidade, sentimento ou disposição que o indivíduo tem ou desenvolve de confiar em si mesmo, de confiar em suas ideias, qualidades, talentos ou habilidades; o quanto ele acredita em sua possibilidade de ser bem-sucedido naquilo que se lhe apresenta como alvo. Partindo da noção de autovalor que o indivíduo possui, a autoconfiança é, também, a força que o motiva na superação de seus obstáculos e no aproveitamento das oportunidades, que lhe permeiam a existência. Amparado naquilo que ele acredita ser, potencialmente, o seu melhor, é um modo de validar-se perante situações desafiadoras.

A autoconfiança é, na verdade, o reflexo do juízo de autovalor que o indivíduo possui; é a representação, mais potente, da sua autoestima. Se ele não se autovaloriza, não há como confiar em si mesmo ou acreditar que possa ser capaz de ir além do comum. Quando muito, poderá atingir o que chamamos de média, o que não é garantia de ter superado todas as suas limitações ou utilizado, de modo pleno, todos os seus "recursos". Aliás, "média" é a medida da mediocridade!

Diz o conhecimento popular que, quando o indivíduo não demonstra confiança em si mesmo, dificilmente obterá a confiança dos outros. E isso é plenamente verdadeiro, uma vez que, ao demonstrar estar consciente das suas competências, o indivíduo motiva os outros a valorizarem aquilo que ele acredita ter de melhor. À primeira vista, quando falamos em confiar em si mesmo, parece fácil. No entanto, pessoas, quando indagadas sobre o grau de confiança que delegam a si mesmas, dificilmente assumem que não a têm, mas não basta apenas verbalizar esse atributo, é necessário demonstrá-lo em seus procedimentos e realizações, nos diversos setores do seu labor vivencial.

A autoconfiança também tem a ver com a convicção de ser melhor, de acreditar que é possível realizar sempre mais. E ela não é algo estanque, parado. Por isso, assim como a autoestima, da qual ela faz parte, a autoconfiança necessita estar sempre sendo estimulada para que permaneça ativa, pois, sem essa constante ação alimentadora, os abalos da autoconfiança podem vir a comprometer o sucesso integral do indivíduo. Dessa maneira, confiar em si mesmo é a proposição que deve nortear todo o projeto que um indivíduo tenha em mente realizar. Aquele que não conseguir "vislumbrar", em si mesmo, razão suficiente para confiar em suas próprias ideias e valores, do mesmo modo não encontrará coragem e poder suficientes para fazer face às exigências que a vida lhe apresentará, com vistas aos seus empreendimentos pessoais.

Historicamente, é a partir do seu nascimento que todo indivíduo é instado a enfrentar o "bom combate" existencial. Desde quando inicia os aprendizados da comunicação e da locomoção, por exemplo, ele, em busca da sua autonomia, está em permanente desenvolvimento, e é solicitado, todo o tempo, a superar obstáculos e vicissitudes, a fim de que possa viver ou sobreviver da melhor maneira possível. Mormente, os medos aprendidos nessa trajetória é que poderão impedi-lo de ser vitorioso, nessa empreitada, já que são eles também os alimentadores da falta de autoconfiança e do sentimento de incapacidade.

É interessante observar, ainda, que desenvolver a autoconfiança é tarefa decisiva para trazer à tona algumas competências ou habilidades, tais como a "eficiência pessoal e a autodeterminação". Sabendo-se que eficiência pessoal é a capacidade aprimorada da autoconfiabilidade, que resulta no sentimento de aptidão para enfrentar todo e qualquer desafio, inerente ao ato de viver, porquanto a autodeterminação reveste-se da capacidade de perseguir, com perseverança, alguma meta ou objetivo, até a sua concretização.

Dessa maneira, a conclusão mais óbvia é a de que é possível a todo indivíduo resgatar, alimentar e fortalecer a sua autoconfiança, bastando para isso investir na superação dos seus medos, confrontá-los racionalmente, a fim de restaurar a coragem que ele crê perdida, mas que ainda jaz dentro de si a espera de um novo alento, de uma nova motivação. A qualquer tempo é possível trazer à tona a coragem da criança livre que já fomos, da criança ávida por aprender e crescer.

Exemplo pessoal sobre autoconfiança: em 1974 eu residia em Curitiba (PR) e estava desempregado há dois meses. Saíra do último emprego por não me sentir valorizado pela empresa. No princípio do mês de abril, um domingo, ao folhear o caderno de empregos do jornal *Gazeta do Povo*, deparei-me com um anúncio que dizia, mais ou menos, o seguinte: "Empresa precisa de homens e mulheres para trabalho de pesquisa. Pede-se idade entre 23 e 35 anos, boa aparência, disponibilidade para viagem, alguma experiência, curso científico completo ou a completar, salvo exceções". O salário era bem convidativo.

Ao recortar o anúncio pensei: "esse é o emprego que preciso". Mostrei para um amigo que morava comigo numa república e ele apenas comentou o fato de eu não ter o curso científico completo. Porém, não foi só esse requisito que me preocupou: tinha a questão da boa aparência. Não que me achasse mal aparentado, mas o fato de não possuir quase nenhuma roupa que colaborasse com um bom visual me incomodava. Tudo bem. "Vou ter que valorizar meu desempenho na entrevista", foi o que concluí. E depois, tinha aquele trecho do "salvo exceções" no anúncio. Duas palavras que poderiam mudar a minha vida se eu fosse competente para bem argumentar, e eu confiei que era.

Na segunda-feira, cedo, vesti minha melhor calça de passeio (que era só uma e ainda tinha um cerzido disforme na barra) e uma camisa de manga curta, mais apresentável. Peguei os documentos exigidos, e lá fui eu. Era um dia muito frio e eu não possuía camisa de manga longa e nenhum agasalho. Quando cheguei ao endereço que era no centro da cidade, próximo à Praça General Ozório, tinha uma longa fila na porta do edifício: mulheres muito bem vestidas e homens de paletó e gravata, alguns de terno completo. Recebi alguns olhares nem tão discretos de desdém. Não dei bola para os olhares nem para o frio. Entrei na fila firme em meu propósito de garantir aquele emprego. Fazia muito tempo que eu não me sentia tão confiante.

Quando chegou a minha vez, depois de preencher um formulário de inscrição, a moça da recepção me perguntou sobre o tal do "curso científico completo", eu respondi: "a completar". Ela me mandou aguardar para a entrevista.

Na entrevista, o superintendente, de nome Jorge, revisou minhas informações, perguntou-me sobre a minha experiência, eu disse que já tinha trabalhado com vendas. E, então, ele me perguntou sobre o curso científico, novamente respondi: "a completar" e disse que tinha deixado de estudar por falta de oportunidade. Enquanto ele me olhava inquiridor, mostrei-lhe o anúncio onde se lia: "salvo exceções", e disse-lhe sem inibição:

— Eu vim para me *encaixar* na exceção.

Ele sorriu e fitou-me por alguns segundos, depois me mandou pegar a relação de documentos que eu deveria apresentar para a admissão com a moça da recepção. Como eu não tinha dinheiro para custeá-los, ele ainda autorizou um adiantamento, imediatamente.

Depois fiquei sabendo que os demais admitidos ainda passaram por mais uma entrevista. Durante o tempo em que permaneci na empresa recebi, por diversas vezes, prêmio por produção. O Sr. Jorge me *promoveu* a amigo dele. Um dia, contou que me admitiu pela minha demonstração de arrojo e confiança. Trabalhei quase um ano na empresa, que se chamava LTB (Listas Telefônicas do Brasil), e só saí por vontade própria, devido a problemas na família.

Capítulo VIII

O RESPEITO POR SI MESMO

*Quando você se respeita
todos o respeitam.*

(Willes)

Às vezes, certos ensinamentos, feitos com simplicidade, podem fazer a diferença em nossa vida. Este foi o caso do autorrespeito, cujo aprendizado iniciou-se ainda na infância. Durante o tempo em que vivi com minha família adotiva (2 a 7 anos), quando nos chegava notícia sobre alguém da família ou conhecido — que estava a cometer algum deslize, que ia de encontro a algum valor ou regra, principalmente, moral —, ouvia minha mãe dizer, em tom de alerta: "quem não se respeita, ninguém respeita". Foram tantas as vezes que ouvi essa frase, que ela tornou-se uma espécie de lema a ser seguido por mim. E, conforme fui vivendo, pude constatar o quão verdadeiro ele era, pois sempre que eu observava, detidamente, as minhas próprias ações, conseguia identificar as situações onde havia a "exigência do respeito por mim mesmo" e, por consequência, como isso afetava as condições para que os outros também me respeitassem.

No capítulo anterior, falei da importância da autoconfiança e do *poder* derivado dela, no tocante ao indivíduo acreditar em si mesmo, a fim de aprimorar sua habilidade de superação. Então, seguindo em frente nesse aprendizado da autoestima, convém acrescentar que, conectado à autoconfiança, o "autorrespeito" é também um elemento que reforça o conceito de autovalor que o indivíduo tem de si mesmo. Nele está contido o respeito profundo pelas suas ideias, juízos, opiniões, saberes, ideais, valores, princípios, qualidades, aptidões etc. Enfim, o autorrespeito é a expressão da consideração, irrestrita, dos seus predicados de caráter e personalidade, e por tudo quanto o indivíduo acredita ser o melhor para apresentar dignidade em seu viver.

Para além da subjetividade, o autorrespeito se verifica na prática, quando em seu dia a dia você o transforma em ações conscientes e concretas, na busca do seu equilíbrio existencial e da sua plena autorrealização. A todo instante você pode dar mostras positivas do seu autorrespeito, a começar, por exemplo, pelo modo como respeita a sua vida.

Veja bem, se partirmos do princípio de que o bem mais precioso que você tem é a sua vida, então nada é mais coerente do que o seu autorrespeito começar por aí, na maneira como você a reverencia e preserva. Cuidar da vida, basicamente, tem a ver com cuidar da saúde. Logo, será nos cuidados que você tem ou terá com ela que, inicialmente, irá manifestar-se o seu autorrespeito. E mais, considerando que o conceito aqui aplicado é o da concepção holística da saúde formulada por Pierre Weil[21], o que significa cuidá-la nas dimensões psicoemocional, física, espiritual e ambiental, que, somadas, compõem a sua unicidade, o seu todo. Desse modo, respeitar a saúde implica desenvolver práticas saudáveis que visem positivar sentimentos, hábitos comportamentais, cuidados corporais, práticas espirituais e a sua relação equilibrada com o meio ambiente em que vive.

Se o seu autorrespeito for afirmativo, ele estará em sintonia com a polaridade positiva em sua vida. E isso significa respeitar suas emoções, seu modo de viver, ter bom gosto e bom senso; respeitar sua integridade pessoal, evitando práticas que lhe sejam desonrosas ou antiéticas. Estar sempre focado na direção do que lhe é qualitativamente essencial, evitando se perder em necessidades artificiais e futilidades. Aprimorar seu senso de justiça para consigo mesmo e com os outros; evitar aderir às exigências alheias quando forem injustas; ser seletivo em todas as suas escolhas.

Na verdade, todas as suas escolhas estão relacionadas com o nível de consciência e "afirmatividade" do seu autorrespeito. As

---

[21] Pierre Weil, 1924/2008, psicólogo e educador francês. A holística é proveniente do termo grego *holos*, que significa todo, inteiro". Holística é, portanto, um adjetivo que se refere ao conjunto, ao "todo" em suas relações com as suas "partes", à inteireza do mundo e dos seres (Pierre Weil — *Holística - Uma nova Visão e Abordagem do Real*). De modo simplificado, a visão do ser humano sob o paradigma holístico pode ser considerada a partir dos aspectos biopsicossocial, espiritual e ambiental.

suas preferências relacionais de amizade, amor, parceria (sociedade) ou companheirismo, todas refletem a sua noção de autorrespeito e de autovalorização. Quando, em qualquer setor da sua vida, você escolhe conviver com pessoas que não o respeitam, que o submetem a situações de constrangimento ou causam algum tipo de mal-estar, pode ter a certeza de que você não está respeitando a si mesmo. Por outro lado, quando sua opção é conviver com pessoas que o respeitam, que valorizam suas ideias, que o motivam positivamente e lhe dão afeto; que possuem bons valores e retidão, você está demonstrando elevado respeito por si mesmo. O autorrespeito é reflexivo; o respeito que você se dá é o que você recebe. Somente quem respeita a si próprio respeita verdadeiramente os outros.

Um exemplo de autorrespeito: Gilson foi trabalhador rural. Segundo seu relato, "ralou" muito, até conseguir um bom pedaço de terra e ter sua propriedade rural. Pessoa simples, sempre teve dificuldades de aceitação da parte da família da esposa. Os familiares dela, por soberba, consideravam-no muito simplório para ter se casado com ela, que era professora. Em busca da aceitação deles, passou a fazer de tudo para agradá-los: ajudava-os com trabalho nas suas propriedades, emprestava-lhes sacas de café, dinheiro, e eles nem o pagavam. Fazia "das tripas, o coração" para agradá-los, mas eles continuavam a tratá-lo como um ninguém. Em virtude disso, passou a sentir-se desconfortável emocionalmente, chegando a desenvolver um estado depressivo; alternava entre momentos de ansiedade e de depressão.

Quando me procurou para terapia, contou-me toda a sua história, com muito sofrimento. Imaginem: um homem forte, de quase um metro e noventa de altura, chorando "como criança" durante a sua narrativa. Ao final, com "ares de vítima", ele me perguntou:

— É justo que eles façam isso comigo, doutor?

Depois de alguns segundos, serenamente, eu devolvi-lhe a pergunta:

— É justo o que você tem feito consigo mesmo, Gilson? — Ele me olhou estupefato:

— O quê, doutor? Então, sou eu que estou fazendo isso comigo?

Então, respondi-lhe:

— Sim. Ao buscar ser aceito pelos familiares da sua esposa, exagerando em agradar-lhes, você está se perdendo da sua dignidade e demonstrando falta de respeito por si mesmo. E eles, ao detectarem sua fraqueza, sua ânsia em agradá-los, estão a explorá-lo sem nenhuma consideração.

A partir daí, a cada sessão, ele foi compreendendo que precisava mudar sua postura, não apenas diante dos membros da família, mas também diante da sua esposa, que também não o considerava. Enfim, ele precisava se autovalorizar, melhorar o modo como via a si mesmo, dar ênfase a seus valores e qualidades. O respeito e a estima dos outros só viriam à medida que passasse a respeitar a si próprio.

Compreendendo esses e outros conceitos e orientações, ele mudou o modo como via a sua vida. Tornou-se uma pessoa proativa e assertiva. E ainda acabou ajudando a outros membros da sua família e amigos mais próximos, no tocante à melhora da autoestima. Pode-se dizer que eliminou, por completo, o sentimento de inferioridade que nutria desde a sua infância. E, superimportante, de homem mais fechado que era, passou a ter uma relação mais agradável e afetiva com todos, principalmente com a filha, que estava na infância.

Assim, narrada de modo conciso, essa situação parece simples de ser resolvida, mas não é. Esse processo de autotransformação requer muita tenacidade por parte da pessoa interessada, para levá-lo a um bom termo. Existem pessoas que passam a existência toda sem desenvolver, por si, o devido respeito. Padecem emocionalmente, por viverem na base do agrade sempre[22], por tornarem-se submissas aos outros, pensando que, assim, vão ser aceitas e amadas por eles.

---

[22] O conceito do agradar sempre é oriundo da **Análise Transacional** e foi criado por **Taibi Kahler**. Em síntese "agradar sempre" funciona sob estas premissas: quem quer agradar sempre sente necessidade de ser querido e aprovado por todos, é motivado na vida por esse objetivo tirano e irreal. Acredita que se agradar aos outros será mais bem aceito, que não é conveniente discordar da opinião alheia; acredita ser inadequado dizer 'não', porque os outros podem não o aprovar.

Capítulo IX

SER AUTORRESPONSÁVEL

*Aqueles que possuem uma elevada autoestima,
assumem plena responsabilidade
por conquistar o que almejam.
Não esperam pelos outros
para realizar seus sonhos.*

(Nathaniel Branden)

Na medida em que vamos aprofundando-nos no estudo da autoestima e compreendemos toda a sua extensão, verificamos que não há como dizer, de modo cabal, se este ou aquele elemento é o mais importante. Isso porque, mesmo tendo suas particularidades e, nominalmente, se diferenciando, eles se conectam, se retroalimentam e interagem, formando o todo da autoestima. Todos eles concorrem para nutri-la. Faço esta menção neste estágio do escrito para que o leitor tenha uma compreensão clara de que seus pensamentos, suas ações subjetivas ou objetivas, independentemente da dimensão ou polaridade em que se encontrem, são representativos do grau da sua autoestima. Se, por exemplo, a polaridade que as rege for negativa a autoestima é baixa, se a polaridade for positiva a autoestima é alta ou equilibrada. Dessa forma, todos os componentes da autoestima já elencados, e os que ainda vou explicitar, devem ser vistos como significativos por aqueles que desejarem resgatá-la e aprimorá-la.

É bastante comum encontrar pessoas que vivem delegando aos outros a responsabilidade pela sua vida. Muitas delas estão sempre buscando um culpado pelos seus infortúnios ou fracassos. No âmbito familiar, elas culpam os pais; nos relacionamentos amorosos, o outro é sempre o culpado; no trabalho, culpam o chefe ou seus colegas; culpam o destino, Deus ou o diabo, o azar e o que mais puderem.

Enfim, sempre "alguém" é o culpado, como se isso justificasse suas dificuldades, ou até mesmo sua incompetência perante a vida.

Dito isso, acredito que um dos mais marcantes obstáculos que o ser humano tem em sua rota de transformação ou evolução é a dificuldade de responsabilizar-se por si mesmo; por suas ações e, consequentemente, por seus resultados. Penso, até, que existe uma "cultura da desresponsabilização" pessoal, entranhada no modo vivencial da maioria das pessoas, o que as leva, sempre, a responsabilizar os outros ou os fatos externos, por tudo o que lhes acontece.

Por isso é que enfatizo a "desresponsabilização" como um hábito "viciante", que se aprende desde a infância, seja na família, na escola ou no meio social, em geral. Por outro lado, ela se configura, também, como um sintoma de insegurança pessoal ou falta de autoconfiança, o que é resultante da baixa autoestima e da dificuldade que tem o indivíduo em reconhecer suas qualidades e as referências positivas que deviam nortear sua existência. É deveras muito difícil alguém tornar-se bem-sucedido, se não aprender a responsabilizar-se por tudo quanto lhe compete escolher na vida.

A autorresponsabilidade, em sendo um elemento capital para a autoestima, é também um dos seus reflexos, porque, quando você decide, conscientemente, ser responsável por sua própria vida, a sua autoestima se eleva, aumentando a sua autoconfiança e competência para lidar, com maior segurança, na definição das suas escolhas. Ao tornar-se autorresponsável, você assume o papel de agente das suas realizações, transforma-se no sujeito ativo do seu crescimento. Pode-se dizer que "você se torna o diretor e o ator principal do seu próprio filme", passando a ser livre para realizar seus propósitos e sonhos.

Acredito que você já ouviu pessoas dizerem que precisam mudar de vida, que deveriam ser mais conscientes, que um dia ainda vão melhorar, vão fazer algum curso, vão perder peso, cuidar da saúde etc. Na verdade, essas declarações de intenção valem muito pouco, se não forem acompanhadas da vontade, consciente, e de atos concretos que demonstrem compromisso da pessoa para consigo mesma. Viver com autorresponsabilidade está intimamente relacionado a viver de maneira proativa, cumprindo os intentos a que se propõe. Em palestras, quando discorro sobre este assunto, algumas pessoas me dizem:

— Falar é fácil, realizar é que é complicado. — Ao que eu sempre respondo:

— Sem uma boa dose de esforço, autodeterminação e persistência, você não realiza mudança alguma; não existe uma mágica que o livre de demonstrar, por meio de atitudes, aquilo que realmente você quer de melhor para si.

Afirmo isso baseado em minha própria experiência, pois passei um tempo considerável da minha existência culpando meus pais — que me abandonaram quando criança — por todos os meus infortúnios. E, durante esse tempo, só colecionei frustrações e revolta, até que, com muita tenacidade, adquiri a consciência de que a minha vida me pertencia e que só eu, se me esforçasse por fazê-lo, poderia torná-la melhor. A energia que antes eu gastava culpando os outros e reforçando minha posição de vítima, passei a dirigi-la, consciente e responsavelmente, para dar-lhe um sentido positivo e realizar propósitos que me trouxessem equilíbrio e bem-estar.

Veja bem, enquanto culpamos os outros pelas ocorrências da nossa vida, tudo permanece estagnado, parado. Porém, quando assumimos que ela é um bem que nos pertence e que somos os únicos responsáveis por ela, multiplicam-se as possibilidades de torná-la saudável e feliz.

Capítulo X

AFETIVIDADE E AUTOESTIMA

O afeto é infinito.
Quanto mais damos carícias positivas,
mais as recebemos, e as damos de novo.
Há uma fonte inesgotável de afeto
e amor dentro de nós.

(Willes)

Nos capítulos em que tratei das predisposições para a baixa autoestima, praticamente, em toda a sua extensão, está implícito ou explícito o que a falta da afetividade acarreta na formação do conceito de valor que a pessoa expressa de si mesma. Agora, ao tratar objetivamente desse tema, neste tópico, o faço para referenciar, com maior intensidade, a importância da afetividade em todo contexto existencial do indivíduo, ao mesmo tempo que compartilho saberes e práticas que considero de extremo valor para que, ao aprofundar-se nesse conhecimento, você, leitor, possa aplicá-los como ferramenta para analisar e investir no melhoramento do seu modelo afetivo, bem como na otimização da sua própria autoestima.

O termo "afeto", embora bastante usual para definir sentimentos, quando abordado sob a ótica de diferentes correntes de pensamento, possui algumas variações em seu significado. Daí a necessidade das referências que se seguem: em latim, a palavra "afeto", de onde se origina o termo "afetividade", é registrada como *affectus*, e a sua tradução traz, por exemplo, os seguintes significados: tocar, unir, fixar. Porém, o entendimento proposto para esta abordagem é o de que o afeto é um estímulo, um elemento de motivação. Por sua vez, a afetividade é representativa do conjunto de afetos ou estímulos positivos ou negativos que o indivíduo recebe ou dá, no âmbito das suas relações interpessoais. Podendo, também, ser concebido como:

"a soma de suas vivências ou câmbios afetivos, presentes em sua existência". O vocábulo "afeto" também é empregado para designar sentimentos, tais como carinho, amor, compaixão, benevolência, atenção etc. A afetividade pode, ainda, ser compreendida como a prática do afeto.

A afetividade é uma necessidade fundamental para a qualidade de vida, já que o afeto, além de nutrir o "corpo psicoemocional", também é gerador do bem-estar físico da pessoa. Como descreve Claude Steiner[23] em seu livro Os papéis que vivemos na vida, Editora artenova, 1976, página 112 , "os afagos (carícias — estímulos afetivos) são tão necessários para a vida humana, quanto às outras necessidades biológicas primárias, tais como comida, água, e abrigo, necessidades que, quando não satisfeitas, podem conduzir à morte".

Todos nós temos a necessidade natural de sermos reconhecidos, queridos, amados, percebidos, tocados. A ânsia por estímulos positivos para viver é inerente a todo ser humano e nada é mais motivador que o afeto. Existem, por exemplo, "estudos e observações", qualificadas, que comprovam que a falta de afeto entre mãe e filho, na primeira infância, é prejudicial à formação da personalidade da criança. E dentre esses estudos, que considero de grande relevância para quem deseja ampliar o seu saber sobre a importância do afeto, estão os de John Bowlby[24], que criou a Teoria do Apego, e René Spitz[25], psiquiatra austro-americano que estudou os efeitos da privação materna no emocional do desenvolvimento infantil. Além do já citado Frederick Leboyer[26], que trouxe à baila a importância do parto natural e a influência deste na formação do emocional da criança.

---

[23] **Claude Steiner (**1935), francês de nascimento, Ph.D em Psicologia Clínica, radicado nos EUA, foi colaborador próximo de **Eric Berne** no desenvolvimento da **Análise Transacional**, criando alguns pressupostos básicos desse método analítico. É autor do livro Os papéis que vivemos na vida: a análise transacional de nossas interpretações cotidianas. Arte Nova. Rio de Janeiro, Brasil, 1976.

[24] **John Bowlby** (1907-1990), psiquiatra e psicanalista inglês, é autor da **Teoria do Apego**, na qual ele procura explicar como ocorrem e quais as implicações para a vida adulta dos fortes vínculos afetivos entre o bebê e o adulto, provedor de segurança e conforto, no caso, principalmente as mães.

[25] **René Spitz** (1887-1974), psiquiatra austro-americano, em seus estudos sobre o desenvolvimento infantil, definiu como essencial o afeto na relação mãe-filho durante a infância, constatando que é a partir dela que aflora e desenvolve-se a consciência do bebê. Observou, também, que a carência afetiva impede, nos bebês, o pleno desenvolvimento da sua personalidade.

[26] **Frédéric Le Boyer**, obstetra francês. O **Parto Leboyer** é um exemplo de renovação do ritual do nascimento e apontado por psicanalistas como um meio de reduzir o "trauma" que a saída do útero materno significa para o bebê. Estudos realizados em "Bebes-Leboyer" defendem que esse tipo de parto gera crianças mais seguras, autônomas precocemente e emocionalmente equilibradas.

A afetividade é geradora de vida. Ligada umbilicalmente à "matriz emocional", ela é um componente determinante no modo como a pessoa irá observar e sentir o mundo, as pessoas e, sobretudo, a si mesma. Tudo o que ocorre na vida do indivíduo, desde a sua gestação, nascimento e crescimento, inevitavelmente será elemento gerador de uma *"carga"* afetiva negativa ou positiva. A falta ou a presença do afeto, certamente, influenciará seu caráter e a condição do desenvolvimento da sua personalidade, e, consequentemente, da sua autoestima. Como já mencionei no capítulo sobre "educação e autoestima", o modelo de educação perpetrado, principalmente pelos pais, desde a mais tenra idade é decisivo no modelo afetivo da pessoa.

E como se forma o padrão afetivo? Hoje é possível dizer que ele começa a ser constituído antes mesmo do nascimento do indivíduo, porque, a partir dos primeiros meses de gestação, a criatura que vai nascer já começa a perceber os estímulos, positivos ou negativos, por intermédio do "laço simbiótico" desenvolvido com a mãe. É plausível dizer, também, que muitas das "impressões" do ambiente externo e das próprias emoções da mãe são "transmitidas", por ela, ao bebê, pelo "estado" que lhe vai à alma.

A princípio, esse complexo fenômeno pode parecer meio irreal, mas, com toda certeza, de alguma forma isso acontece. Joana Wilheim[27], psicanalista e estudiosa do assunto, autora de livros sobre o tema, afirma:

> Sabemos que o feto é um ser inteligente, sensível e tem capacidade mental... A disponibilidade afetiva da mãe é fundamental para que ocorra o desenvolvimento psicoafetivo do indivíduo, de célula a feto, de feto a bebê, de bebê à criança (2006, p. 59).

Sendo assim, é presumível, ainda, que a mãe ansiosa ou depressiva venha a transmitir as sensações dessas ocorrências à criatura em gestação. Quando o filho não é desejado, por exemplo, as primeiras *impressões* que ele recebe são de rejeição. Na prática, essa situação

---

[27] **Joana Wilheim**, psicanalista brasileira, presidente da Associação Brasileira Para o Estudo do Psiquismo Pré e Perinatal, é também autora de livros que muito ajudam a elucidar a formação do psiquismo humano. *A caminho do nascimento — uma ponte entre o biológico e o psíquico* é uma das suas obras mais lidas.

foi por mim comprovada, por intermédio de clientes em terapia que se submeteram à técnica do Renascimento e que puderam revivenciar a experiência intrauterina.

Concluindo este preâmbulo com a finalidade de reforçar a substancial importância da afetividade para uma existência equilibrada e saudável, lembro, mais uma vez, que o padrão afetivo formado pela pessoa, desde a sua infância, influencia, terminantemente, a "percepção do seu autovalor", ou seja, do valor que ela credita a si mesma. É por isso que pessoas com um padrão afetivo negativo têm dificuldade em construir uma visão afirmativa delas mesmas. Elas sempre acreditam ser menos do que verdadeiramente são.

Muito do que escrevi até agora foi inspirado nas premissas da Análise Transacional (ver nota de rodapé no Capítulo VI), método analítico com o qual trabalho. E, em se tratando da afetividade, sigo a mesma tendência, por compreender que esta abordagem oferece elementos objetivos que podem ser "utilizados de imediato" para dar início a um profundo e benéfico processo transformacional.

Carícias

Um elemento-chave na formação do padrão afetivo é o que Eric Berne denominou de "afagos" ou "carícias", que são estímulos intencionais que podem ser demonstrativos de aceitação, bem-querer e estima, mas, quando negativos, podem representar rejeição, desqualificação ou não aceitação. É possível que algumas "carícias negativas" sejam dadas de forma não intencional ou inconsciente, daí a necessidade de ampliar a compreensão sobre elas, para evitar aceitá-las, passivamente, ou dá-las, desse modo, a quem quer que seja.

Quando discorremos sobre "carícias", devido ao insuficiente entendimento que a maioria das pessoas tem sobre o significado de alguns termos usados no contexto comportamental, o imaginário as leva quase que automaticamente a deterem-se no aspecto corporal delas. Quando, na verdade, a proposição é a de que o termo "carícias" refere-se tanto aos estímulos físicos quanto aos psicológicos. Roberto Kertész[28], psiquia-

---

[28] **Roberto Kertész** foi o introdutor da Análise Transacional na América Latina e na Espanha, é autor do livro *Análise Transacional ao vivo*, que, de certa forma, decodifica muitos dos elementos da Análise Transacional.

tra argentino, estudioso comportamental, define "carícias" como sendo "estímulos sociais dirigidos de um ser vivo a outro, o qual, por sua vez, reconhece a existência daquele". O que, de modo bastante simplificado, significa que as "carícias" estão na raiz dos relacionamentos interpessoais, por serem um modo de reconhecimento mútuo dos indivíduos.

Classificação das carícias

É também da lavra do estudioso antes citado a definição mais apurada de quatro critérios para classificar as "carícias". Então, visando dar maior nitidez e torná-los compreensíveis, comento a seguir, resumidamente, os mais significativos para proveito dos "interessados" em compreender melhor a sua prática afetiva e a daqueles com quem se relaciona. De posse deles, julgo, também, ser possível, ao leitor, analisar a formação do seu padrão afetivo, o seu estágio atual e desenvolver ações com vistas a aperfeiçoá-lo.

As carícias podem ser classificadas:

1. Pela sua influência no bem-estar psicoemocional físico e social do indivíduo:

a) Adequadas (sadias) — carícias que causam bem-estar, imediatamente ou em longo prazo. Exemplo: um elogio ou um abraço, além de proporcionar bem-estar imediatamente, sempre que é lembrado causa boas sensações.

b) Inadequadas (doentias) — carícias que provocam o mal-estar em curto ou longo prazo. Algumas delas, às vezes, podem parecer agradáveis, momentaneamente, mas, em longo prazo, prejudicam. É possível que palavras proferidas com sarcasmo ou desdém sejam entendidas só depois de um tempo — pela pessoa que foi vítima do comentário "maldoso" —, e, então, o efeito negativo se faça presente e se perpetue.

2. Pela emoção ou sensação que convidam a sentir:

a) Positivas — carícias que proporcionam emoções ou sensações agradáveis. Exemplo: um abraço, uma palavra ou gesto que expresse carinho e aceitação.

b) Negativas — carícias que levam a emoções ou sensações desagradáveis. Exemplo: uma crítica, uma agressão física.

3. Pelas exigências ou condições para dar ou recebê-las:

a) Condicionais — carícias dadas ou recebidas por atitudes ou realizações, porque fez ou disse algo. Exemplo: Eu gosto de você porque você me deu o presente que eu queria; porque você sempre me elogia; porque você é obediente.

B) Incondicionais — carícias dadas ou recebidas pelo simples fato de a pessoa existir. Exemplo: da mãe para o filho: "eu te amo"; de um amigo para o outro: "você é muito inteligente".

4. Pelo meio de transmissão:

a) Físicas ou de contato — são as mais poderosas: um abraço, um aperto de mão, um beijo...

b) Verbais — mediante a linguagem oral: "gosto de você"; "estou contente ao revê-lo"; "você é muito importante para mim"; "parabéns pelo seu sucesso"; "mãe, eu te amo!"...

c) Gestuais — mediante linguagem não verbal, a distância: olhares, gestos etc.: um sinal de positivo, um aceno de mão, um olhar...

d) Escritas — bilhete, carta, cartão etc.: um postal, um telegrama de felicitação, um cartão de aniversário...

Nessa breve classificação pode, ainda, ser observado que toda carícia adequada é, naturalmente, positiva e que o mesmo acontece com a carícia considerada inadequada, que é negativa. As carícias positivas ou negativas vão diferir umas das outras pelas condições, ou seja, se são condicionais ou incondicionais. Mesmo que consideremos as "carícias positivas incondicionais" as mais valorosas, convém lembrar que as "carícias positivas", mesmo quando condicionadas, também possuem relevância na formação do padrão afetivo da pessoa.

Um tipo de carícia que também considero como de grande valia é a denominada de "carícia corretiva", que "obedece" aos mesmos critérios de classificação já mencionados. E, quando dada positivamente, cumpre um papel extraordinário e motivador na vida da pessoa que a recebe, já que ela tem como diferencial "julgar" a ação e não a pessoa que a executou.

Usualmente, quando uma pessoa comete uma ação inapropriada, o senso comum nos leva, automaticamente, a criticá-la, rigorosamente, sem muito pensar, o que apenas causa mal-estar ou culpa pelo feito e reforça a negatividade. Porém, ao usarmos a "carícia corretiva", de modo positivo, partimos, primeiramente, da chamada de atenção da pessoa para as suas competências e qualidades e, depois, apontamos o fato de que ela poderia ter agido de modo distinto. Ao agirmos assim, mesmo desaprovando a sua ação inadequada, mostramos à pessoa, de modo construtivo, que ela teria ou tem condições de agir diferente.

Quando uma criança, por exemplo, tira nota baixa na escola, o comum é que os pais a desqualifiquem pelo acontecimento, usando de admoestações impróprias ou rotulando-a como preguiçosa, burra, problemática etc. De outro modo, ao usar da carícia corretiva, os pais, primeiramente, chamariam a atenção dela para a sua inteligência e capacidade de aprender. Depois, fariam referência à nota baixa, convidando-a a aplicar-se mais em seus estudos, inclusive se propondo a auxiliá-la nesse feito. Vale destacar que esse exemplo apresenta, também, um intuito pedagógico para os pais, pois sabemos que muitos deles não têm a ínfima ideia de o quanto o emprego de críticas ácidas e destemperadas influenciam, negativamente, a autoestima e a própria existência dos seus filhos, para além da infância e adolescência.

Economia de carícias x abundância de carícias

Uma forma de auxiliar, objetivamente, no aprimoramento do modo afetivo é o aprendizado, visando ampliar a qualidade tanto das carícias que recebemos quanto daquelas que damos. Em função disso, cito, mais uma vez, Claude Steiner, que elaborou as duas Leis que regem as carícias: a "Lei da Economia de Carícias" e a "Lei da Abundância de Carícias". Segundo ele, a "primeira" faz com que a maioria das pessoas viva em estado de *déficit* de afagos, ou seja, "sobrevivem com um regime de afagos menor do que o ideal". Claude Steiner, do livro Os papéis que viemos na vida, Arte Nova, 1976, páginas 112 a 118.

Convém advertir, ainda, que a "economia de carícias" é aprendida desde a mais tenra idade, com os pais ou seus substitutos, que, segundo Eric Berne, no livro Os jogos da vida (Nobel, 1997, p. 158), "deliberadamente ou inconscientemente, ensinam seus filhos como se comportar, pensar, sentir e perceber". Por sua vez,

Kertész (1987, p. 79) diz, categoricamente, em sua obra, já aludida Analise Transacional ao vivo, que essa lei (a Lei da Economia de Carícias) "se refere a uma série de normas parentais irracionais e preconceituosas que, justamente por isso, impedem uma livre e sadia troca de estímulos sociais construtivos". Alerta, ainda na mesma obra páginas, 79 e 80 que:

> [...] estes preconceitos regem inúmeras culturas, grupos e organizações, provocando prejuízos que abrangem desde uma simples insatisfação, a infelicidade matrimonial e familiar, depressões, vícios, obesidade, transtornos psicossomáticos e a própria morte. Este é o poder das carícias ou da sua falta.

Desse modo, com algumas adaptações e acréscimos, para melhor entendimento, apresento os princípios da Lei da Economia de Carícias, que, segundo seu autor, inconscientemente, são traduzidos em condutas pelos indivíduos.

1. Não dê as carícias positivas que você deseja dar

Impede a pessoa de expressar livremente os seus sentimentos de amorosidade em relação aos outros. Mesmo que a pessoa deseje dar as carícias positivas, ela não se permite fazê-lo porque há uma espécie de censura interior a impedi-la.

2. Não aceite as carícias positivas que você merece

Impede a pessoa de aceitar as carícias positivas que lhe são dadas. Quando a pessoa recebe algum elogio, por algo algum feito ou atitude, logo ela trata de desqualificá-lo, dizendo, por exemplo: "eu não mereço, só cumpri com minha obrigação; você é que me vê assim..."

3. Não peça carícias positivas que você necessita

Impede que a pessoa peça os estímulos que precisa. Essa atitude, além de ser muito comum, esconde o medo de não ser compreendido. A pessoa sabe que precisa de alguma carícia, mas não se permite pedir.

4. Não dê a si mesmo carícias positivas que merece

Impede que a pessoa se autoelogie, que evite falar das suas qualidades por medo de ser vista como imodesta ou com "complexo de superioridade".

5. Não recuse as carícias negativas lhe dão

Impede que a pessoa recuse e reaja diante de uma carícia depreciativa. A falta de reatividade faz com que ela se submeta às carícias negativas e permita que os outros a humilhem e desrespeitem.

As "normas da Lei da Economia de Carícias" remetem as pessoas a um polo existencial negativo, escasso em carícias positivas e farto em carícias negativas, o que redunda, fatalmente, num padrão afetivo precário. Porém, seguindo a tônica reflexiva e transformadora que move esta obra, o salutar e auspicioso é a existência da possibilidade de romper com a Lei da Economia de Carícias, optando, conscientemente, pelo exercício constante da Lei da Abundância de Carícias. Sabendo-se, de antemão, ela "convoca" as pessoas a viverem com autonomia e autenticidade, a abdicarem dos jogos manipulativos, a manterem relacionamentos equilibrados e saudáveis, a serem seletivas em suas escolhas, enfim, a colocarem-se na perspectiva de uma vida com uma autoestima elevada e rica em feitos autorrealizadores[29].

Eis as "normas" ou "ferramentas" da Lei da Abundância de Carícias, aqui ordenadas sob uma perspectiva do aprendizado, que parte do individual para o interpessoal, visando, também, expandir o entendimento e a aplicação prática:

1. Dê a si mesmo as carícias positivas que você merece

É justo falar bem de si mesmo, enaltecer suas qualidades, e competências; defender seus valores e princípios, sem excesso de vaidade ou falsa modéstia; dar a si mesmo afagos internos (felicitar-se por feitos bem-sucedidos); diante de alguma conquista, congratular-se por seu merecimento e esforço; dar-se algum presente, um objeto, um passeio, uma viagem etc.

2. Recuse as carícias negativas que lhe dão

Quem lhe dá carícias negativas, alimenta as suas fraquezas e o desqualifica. Não aceite humilhações ou ofensas gratuitamente; não as considere, seja reativo sem ser agressivo ou, se for o caso, ignore-as. Não aceite desconsiderações, carícias depreciativas de pesar, de dó ou pena, elas só alimentam sua baixa autoestima.

---

[29] Em minha ótica, o complexo de superioridade disfarça, na verdade, um complexo que é real, o da inferioridade. Aquele que necessita, a todo o momento, jactar-se de seus feitos ou poderes, possui um elevado sentimento de insegurança, próprio dos indivíduos com baixa autoestima.

3. Aceite as carícias positivas que você merece

Você merece ser querido; você tem méritos, valores e pessoas que o estimam ou admiram, aceite as carícias positivas delas sem constrangimentos; aceite e valorize os elogios que receber; aceite também as carícias corretivas que receber, todos erram e você não é perfeito.

4. Peça as carícias positivas que você necessita

Não espere que as pessoas adivinhem as suas necessidades, só você sabe do que precisa. É saudável pedir carícias positivas, se você sente falta delas no momento. Você tem o direito de solicitar carícias positivas das pessoas que lhe são importantes. Exemplos: pedir um colo, um abraço, atenção, um elogio que você mereça.

5. Dê carícias positivas em abundância

Assim como eu e você, todos necessitam de estímulos positivos para viver. É benéfico dar carícias positivas, sejam elas condicionais ou incondicionais. Diga ou faça algo agradável às pessoas, valorize-as, elas se sentirão bem. Observe as pessoas à sua volta, verifique aquelas carícias que a pessoa mais precisa e dê sem autocensura.

Às vezes, um abraço, um aperto de mão, olhando nos olhos da pessoa, um olhar que expresse admiração, uma palavra carinhosa ou um sorriso podem fazer a diferença na vida dela. Uma pessoa que sabe dar carícias positivas é bem-aceita em todo lugar. Algo aprendido na prática com minhas filhas, com familiares, amigos e, também, nos trabalhos comunitários (voluntários) que desenvolvo; a reciprocidade é algo que acontece, naturalmente, quando você dá carícias positivas.

Muito mais poderia ser dito sobre a classificação das carícias e também sobre as "Leis" já descritas, mas o objetivo aqui é apenas o de compartilhar algum saber a respeito deste assunto tão vasto. Principalmente, pela sua importância no desenvolvimento do sistema afetivo do indivíduo e, consequentemente, na constituição e aprimoramento da sua autoestima, como já foi destacado no decorrer deste capítulo. Um livro que sempre recomendo para aqueles que desejam aprofundar-se no conhecimento da afetividade, com a finalidade de "trabalhar", com maior eficiência, esse elemento que considero da máxima importância para a autoestima, é o de Roberto Shinyashiki[30], *A carícia essencial.*

O tema afetividade tem sido, para mim, apaixonante. Desde que eu, por alguns motivos já abordados no decorrer deste livro, tomei consciência de que vivera um bom tempo da minha vida sob a influência de um padrão afetivo problemático, sempre busquei maior compreensão a respeito. E muito colaborou para que eu tivesse uma visão analítica da minha situação existencial a leitura, aos 29 anos de idade, do livro *Eu estou ok, você está Ok,* de Thomas A. Harris, que me foi emprestado por uma amiga psicóloga.

À época, até cheguei a realizar algumas mudanças em minha postura existencial, mas, mesmo assim, com o passar do tempo pude constatar a necessidade premente de rever profundamente todo o meu aprendizado afetivo, que, como já disse, era precário. Foi então que, aos 41 anos de idade, mediante um processo terapêutico muito intenso, consegui compreender, verdadeiramente, toda a minha condição afetiva e tratei de resolvê-la com maior eficácia e empenho.

Eu que tinha vivido um considerável tempo, desde o meu nascimento, amparado num "referencial existencial" pobre em afeto, que me conduzia, constantemente, a posturas autodepreciativas, pude, assim, perceber que possuía em meu interior uma matriz de carícias positivas, nutrida, principalmente, pela minha mãe adotiva na breve convivência que tivemos. A partir da redescoberta dessa "referência positiva" em minha vida, comecei a praticar, com entrega e determinação, a "Lei da Abundância de Carícias". Aprendi a dar e receber carícias positivas. Se antes eu tinha dificuldade em abraçar as pessoas, passei a "treinar" os abraços, os apertos de mãos, os elogios, o olhar nos olhos, até que essas "carícias" passaram a ser naturais para mim.

A partir desse aprendizado, tenho sempre sugerido a clientes em terapia e a outras pessoas em palestras ou cursos essa busca interior por uma referência afetiva positiva, para guiá-los em suas jornadas transformacionais.

E, nesta breve descrição do "reencontro com as carícias" positivas na "reconstrução" do meu modo afetivo, um dado que considero

---

[30] **Roberto Shinyashiki**, brasileiro, é médico psiquiatra, autor de livros comportamentais e palestrante motivacional.

de fundamental importância é que dessa maneira pude ser muito mais afetuoso com as minhas filhas, desde o nascimento delas até os dias de hoje. Credito a elas, inclusive, a parceria nesse que foi e continua sendo um primoroso aprendizado existencial. Destarte, esse registro, por si só, serve-me como justificativa para as inúmeras referências, nesta obra, sobre a criação dos filhos. Isso por conhecer muito bem as consequências que a falta de afeto produz na existência das pessoas, assim como o efeito enriquecedor e prazeroso da afetividade praticada, desde cedo, pelos pais para com os seus filhos.

Apesar de saber que vivemos num mundo em que grande parte das pessoas vive em constante carência afetiva, não devemos nos acomodar a padrões desprovidos de afeto. Devemos, sim, buscar avançar em nossa consciência para mudar esse estado, a começar pela nossa própria transformação. Confio que, sempre que mudamos, ajudamos a mudar a humanidade, inspirando outros também a mudar.

Quando alguém muda positivamente o seu "referencial afetivo", isso fortalece sua autoestima, e essa modificação abarca muitas outras pessoas, pois ninguém que enriqueça sua existência deixa de partilhar com quem está à sua volta. Assim como ninguém é feliz sozinho, também ninguém é afetivo sozinho. Somos coafetivos; afetivos com mais alguém. Quem aprimora sua afetividade tem a necessidade de compartilhar afeto para com os outros. O afeto é infinito. Quanto mais damos carícias positivas, mais as recebemos, e as damos de novo. Há uma fonte inesgotável de afeto e amor dentro de nós.

Mesmo que você não tenha recebido todas as carícias positivas de que precisava e merecia, isso não deve servir de motivo para se acomodar na precariedade afetiva. A qualquer tempo é possível rever o seu modelo afetivo, erigir uma nova consciência amorosa. Sempre é possível permitir-se investir em sua autoestima; permitir-se dar e receber carícias positivas. A troca de carícias está presente em todo tempo e lugar na sua vida. Só depende de você transformá-las em carícias positivas, enriquecendo, assim, a sua afetividade e a das pessoas com as quais você convive e se relaciona. Você merece receber e dar afeto!

Capítulo XI

A REPERCUSSÃO DA AUTOESTIMA

*O que determina o equilíbrio
de suas ações em cada setor existencial
é a autoestima.*

(Willes)

Quer você tenha consciência ou não, a autoestima influencia o seu desempenho em todos os "setores da sua vida", ou seja, onde você estiver lá estará presente, também, a sua autoestima. Seja na família, na relação que desenvolve consigo mesmo, em sua intrapessoalidade, no trabalho, nos relacionamentos interpessoais, no meio social ou no modo como se comunica. É o grau da autoestima que determina o equilíbrio das suas ações, em cada "domínio" da sua existência.

Família

Praticamente, é na família o espaço vivencial onde sua autoestima tem o seu nascedouro, desde a sua mais tenra idade. Dependendo dos valores e dos pilares do "modelo afetivo" ali constituído, você irá, ou não, desenvolver para si um conceito positivo de valor pessoal, que terá como decorrência uma autoestima elevada. Costumo afirmar que toda pessoa carrega consigo uma espécie de "mochila" que recebe da família. Nela poderão estar contidos todos os afetos e estímulos necessários para que ela venha a se estabelecer na vida de forma afirmativa, criativa e produtiva. Ou, por outro lado, poderá conter todos os elementos negativos e limitadores, possíveis, que a transformarão em alguém incapaz de gerenciar, satisfatoriamente, a sua própria existência.

É no "setor familiar", também, que a repercussão externa da autoestima ganha acentuada visibilidade, já que, ali, é o primeiro palco onde se estabelece a sua relação com os demais membros do seu meio. É, ali, que você, inicialmente, se expressa como sujeito de valores e aspirações.

As suas posturas, negativas ou positivas, estarão sempre em conformidade com o grau da autoestima, "alimentado" pelo ambiente familiar. Posturas como de submissão, dependência, rebeldia, autonomia, afirmatividade e assertividade são reflexos dessa autoestima. Muito do que você vem a ser e a realizar está umbilicalmente ligado ao conteúdo dos valores ali apreendidos. Porém, vale considerar que essa análise não deve servir de sugestão para que você coloque-se na posição, bastante usual, de vítima dos pais ou da família, pois cabe a você, em seu processo de crescimento, adquirir maturidade e autonomia suficientes para tomar para si a responsabilidade pela sua vida.

Intrapessoalidade

É na relação que você desenvolve consigo mesmo, e que eu denomino como o "setor pessoal ou da intrapessoalidade", que a autoestima causa o maior impacto. Isso porque a maneira como você se relaciona consigo mesmo, ou seja, a forma como você se percebe, existencialmente, influencia, sobremaneira, todos os demais setores da sua existência. O valor que você dá a si mesmo, as capacidades que você reconhece possuir, ou não, serão determinantes no modo como irá atuar, a cada momento do seu viver. Por certo, o legado contido na já aludida "mochila existencial" far-se-á presente, com todo o seu conteúdo, referenciando os seus planos e ações. A lente pela qual você se autoavalia, o grau da sua autoconfiança, as suas aspirações e dificuldades estão impregnadas por essa influência. Você é quem acredita ser, por força de seu aprendizado pretérito. A sua autoimagem está umbilicalmente ligada ao conceito de autovalor, que você formou ou alimenta. Inconscientemente, você carrega todas as boas ou más impressões que tem de si mesmo.

Observe: se você for possuidor de uma baixa autoestima, dará maior valor ao "legado" negativo familiar e, quem sabe, até irá usá-lo como "muleta" para justificar seus fracassos e a falta de arrojo para enfrentar os desafios que, com certeza, irão permear a sua existência. Porém, se tiver uma autoestima elevada, dará ênfase ao legado positivo, e o usará para referenciar os cuidados que você dispensará às várias dimensões da sua saúde física, mental/emocional e espiritual, abarcando, também, seu desenvolvimento em geral, investindo no seu progresso, adquirindo novos conhecimentos, novas experiências, buscando, inclusive, seu aperfeiçoamento profissional e intelectual. Lembrando ainda que a busca pelo aperfeiçoamento não significa o alcance da perfeição, já que perfeccionismo não é uma conduta representativa de boa autoestima, pelo contrário, ele pode representar uma busca equivocada de aceitação.

Se você se considera uma pessoa com boa autoestima e tem um sentido claro e objetivo de realização pessoal, que bom, parabéns para você! Porém, se esse não for o seu caso, é importante saber que, a qualquer momento, você poderá assumir para si a responsabilidade de mudar a percepção que tem de si mesmo, liberar-se do indesejável peso da sua "mochila existencial" e investir para resgatar a sua autoestima. Capacidade para isso, por certo, não lhe faltará.

Trabalho

O trabalho é fundamental para o desenvolvimento humano. Ser produtivo é vital para ser e viver saudável. Dificilmente você irá sentir-se realizado, plenamente, se nesse setor lhe faltar motivação para exercitar e aprimorar habilidades e capacidades que lhe proporcionem satisfação pessoal, ganhos para suprir seu conforto material e condições de obter novos conhecimentos, para ampará-lo em sua contínua jornada de progresso pessoal. O trabalho é, também, um valor que, somado a outros, numa escala progressiva ascendente, faz com que você se sinta útil e integrado à marcha do universo. Sem trabalho, o homem, no seu âmago, sentir-se-á excluído da vida, já que ele é a mola mestra de todo processo de transformação humana.

Como já afirmei, anteriormente, a autoestima influi, intensamente, em todos os setores da existência humana. Sendo assim, é natural que ela esteja presente no universo do trabalho. A princípio, ela pode se manifestar na motivação interna de ser produtivo e na escolha em desenvolver as suas melhores aptidões, seja como profissional independente, ou numa empresa ou instituição pública. Depois, ela, a autoestima, irá revelar-se na qualidade do seu desempenho profissional, na ética que norteia suas ações no ambiente de trabalho, no nível de responsabilidade, expresso na execução dos afazeres que lhes são confiados ou que assume, no grau de satisfação que sente em sua profissão etc. E, ainda, no modo como se inter-relaciona com os companheiros de jornada e com a "clientela" a quem se destina o seu produto ou serviço.

A autoestima, no setor do trabalho, de certa forma, reveste-se também de um papel econômico. Isso porque ela é elemento importante no estímulo da capacidade de aprendizado, na coragem de ousar, de criar, de ser assertivo e no modo como interage com os outros. Racionalidade, realismo, intuição, autonomia, flexibilidade, capacidade de lidar com mudanças, disposição de admitir e corrigir erros, motivação, entusiasmo, generosidade e espírito de colaboração formam um conjunto de atributos que se originam da autoestima saudável e, quando aplicados ao universo do trabalho, podem garantir o sucesso de um grupo, de uma equipe e de um determinado empreendimento, além, é claro, do sucesso e da realização de cada pessoa, em particular.

No "setor organizacional", ainda não houve um despertamento para a importância da autoestima no trabalho. Os chamados "motivadores" ainda não compreenderam o quanto ela é importante nesse ambiente cada vez mais competitivo e estressante. Se o que se pretende em efeitos produtivos é a excelência, antes é necessário saber que aquele que produz deve ser estimulado a revelar o seu melhor, a sua excelência interior, componente fundamental para alicerçar o denominado "alto desempenho". Em sendo assim, é necessário compreender que, num tempo em que o saber faz a diferença, o conhecimento de si mesmo necessita ser estimulado e valorizado.

Interpessoalidade

É de grande relevância também a repercussão da autoestima nas relações interpessoais, inclusive nos relacionamentos nominados como "amorosos". Não há como fugir a essa realidade, todas as escolhas relacionais do indivíduo sofrem a influência do conceito de valor que ele tem de si mesmo. Portanto, é plausível concluir que a maioria das pessoas se associa ou convive com seus iguais, com pares que possuem um grau de autoestima comum.

Pessoas de baixa autoestima pecam pela falta de seletividade em seus relacionamentos. Inconscientemente ou instintivamente, escolhem amizades, coleguismos e relacionamentos amorosos, baseados em impulsos, necessidades, interesses, carências e, até mesmo, por desvios de caráter ou de personalidade. Não existem critérios racionais em suas escolhas. A ausência de autoestima também está na base daquilo que chamo de "relacionamentos tóxicos", relações que se caracterizam pela submissão, constante, a situações que causam constrangimentos, físicos e emocionais, e são geradoras de desequilíbrios de toda ordem.

Por sua vez, pessoas portadoras de autoestima equilibrada são seletivas, criteriosas em suas escolhas relacionais, amparando-as em valores, qualidades, sentimentos mais elevados, trocas afetivas nutritivas, compartilhamento, bom companheirismo, respeito mútuo etc. Sentem-se responsáveis por elas e cuidam sempre de aperfeiçoá-las e qualificá-las.

No mais, lembre-se: em todo *lugar* você sempre estará se relacionando com alguém: no amor, na família, no trabalho, na vida social ou comunitária etc. Portanto, independentemente do tipo de relação que você estiver vivenciando, sempre haverá algo a aprimorar. Numa "relação amorosa", por exemplo, é bom estar atento ao modo como contribui para nutri-la positivamente, pois, para que ela proporcione bem-estar, é necessário, principalmente, que haja muita afetividade, autenticidade, boa comunicação, companheirismo, benevolência e respeito mútuo. Em uma relação em que o "compartilhar" é preponderante, ninguém ganha, para que todos ganhem sempre.

Comunicação

Um componente de grande relevância que pode ser acrescido, quando tratamos da repercussão da autoestima, é a comunicação. Isso porque por meio da observação do modo como a pessoa se comunica é possível aferir o grau da sua autoestima. Em qualquer circunstância, o modo como se expressa é representativo do conceito de valor que ela tem de si mesma. E isso engloba a comunicação em suas diferentes "linguagens": corporal, emocional, verbal, postural etc.

Eu, por exemplo, quando jovem, por algumas razões citadas anteriormente, "carregava" comigo um forte complexo de inferioridade, o que me levou a desenvolver uma timidez doentia. Pela dificuldade em expressar o que pensava ou sentia, acabei contribuindo para que muitas situações acabassem se transformando em sérios desconfortos emocionais. E, por falta de uma compreensão mais apurada acerca de mim mesmo, à época, "adotei" a crença de que ninguém me compreendia, de que eu era vítima de todos e de tudo. E, assim, fui colecionando perdas, fracassos, frustrações e insatisfações.

O que aprendi com aquela árdua vivência e, depois, com a experiência em terapia foi que, devido à baixa autoestima, o mais fácil que nos parece é ocuparmos a posição de incompreendidos ou rejeitados. Pois, nessa postura, não conseguimos perceber que somos responsáveis por não nos fazermos compreender; que não há como os outros adivinharem o que estamos sentindo, quando não nos comunicamos com clareza.

Enfim, a comunicação clara e objetiva é parte integrante da boa autoestima. Quem possui a autoestima elevada se comunica com eficiência; é integro ao falar de si mesmo, expressa com firmeza e serenidade suas opiniões e sentimentos, e expõe com competência suas habilidades pessoais.

Parte 3

TECENDO A TEIA DA TRANSFORMAÇÃO EXISTENCIAL

Caminhos bons existem.
Mas, às vezes, preferimos os atalhos na esperança de chegar mais depressa.
Porém, ante o inesperado da desconhecida trilha,
são esses mesmos atalhos que circunstancialmente
nos perdem de nós mesmos e da própria vida;
às vezes, numa passagem de ida sem volta.

(Willes S. Geaquinto)

Capítulo I

DESAPRENDER PARA APRENDER

Reconhecer nossa própria invisibilidade é finalmente estar a caminho da visibilidade.

(Mitsuye Yamada)

O objetivo desta última parte do livro é formar uma ponte, sobre tudo o que já foi dito a respeito da autoestima e os elementos apresentados como seus principais componentes. Mesmo sabendo que, em capítulos anteriores, já foram "sugeridas" algumas práticas a serem consideradas para *investir* no resgate ou edificação da autoestima, acrescento outras noções, ferramentas, procedimentos ou "condutas" que, em seu conjunto, serão, igualmente, de grande valia nessa elevada iniciativa transformadora. Os próximos capítulos não seguem uma determinada ordem temática. A intenção é que, mesmo singulares em suas abordagens, eles se complementem.

Como aprender ou redefinir a autoestima? Ao longo do tempo em que tenho falado ou escrito sobre o assunto, esta é uma indagação que sempre esteve em evidência. E, notadamente, ela me acompanhou também durante o período em que venho escrevendo este livro. Em certas ocasiões, já elaborei e expressei algumas respostas a essa questão, mas, agora, estando prestes a finalizá-lo, me veio à mente, com maior clareza, uma resposta que considero mais aprimorada e lógica. O que significa afirmar que, antes de qualquer *novo* aprendizado sobre a autoestima, é necessário "desaprender" tudo de negativo que lhe foi ensinado ou apresentado como "modelo do que ou como você deveria ser".

Raras são as pessoas que foram educadas, ou instruídas, de modo a possuírem uma noção de valor mais apurada sobre si mesmas. Mormente, foram subavaliadas e induzidas a crer que devem corresponder, exatamente, às expectativas que os outros têm delas, ou seja, foram instadas, pelos pais, religião, escola e a tal da "sociedade", a seguir um roteiro de subserviência. Muitos "entes", às vezes, inconscientes, é que acabam determinando como devemos ser antes mesmo que possamos compreender nossa real "identidade".

Isso é real. Até hoje, não há um "método" pedagógico que nos ensine a compreender quem somos, ou que, no mínimo, nos estimule a fazê-lo. O lema socrático "conhece-te a ti mesmo" continua sendo objeto de extensos discursos filosóficos, mas a própria "civilização", principalmente a chamada ocidental, teme que o homem, "realmente", se conheça. As "elites dominantes" firmam-se na ignorância, daí, segundo eles, não ser aconselhável muito pensar. Para ser obediente e subserviente não é necessário pensar. Pensar não faz bem para quem deseja deixar as coisas como estão, manter o status quo ou permanecer na chamada "zona de conforto"; para quem não quer mudar nada, conformar-se e seguir a matilha, levar "vida de gado", como canta Zé Ramalho[31].

Em termos práticos, é imperativo desconstruir os "pilares interiores" que sustentam os seus medos e a crença de que você é sempre menos, que é incapaz de ser melhor e de conquistar ou realizar algo de mais elevado em sua vida. Se você realmente nutre o desejo de iniciar-se no aprendizado da autoestima, não há como se furtar de reaprender sobre si mesmo e como interagir, de modo satisfatório, com os desafios que se apresentam quando se escolhe um novo modo de viver.

---

[31] Zé Ramalho (1949), compositor e cantor brasileiro de muito sucesso. Além da música *Admirável gado novo*, tem sucessos como *Avohai*, *Chão de giz*, *Eternas ondas* etc.

Capítulo II

OBSERVAR A SI MESMO

*A percepção que temos de nós mesmos
determina o que somos,
ou o que pensamos que somos.*

(Willes)

A experiência nos aponta que o que mais sabemos é "observar os outros"; fazer a crítica dos outros, assinalando, principalmente, suas deficiências ou imperfeições. Raramente observamos os outros para elogiá-los, prestigiá-los ou motivá-los. E devemos isso, principalmente, ao nosso precário padrão afetivo, ao qual já fiz menção no decorrer desta obra. Aprendemos muito pouco sobre o afeto, por isso somos pouco afetivos conosco e com os outros.

Sendo assim, observar única e exclusivamente a si mesmo é uma tarefa portentosa, é uma "viagem interior" que demanda aplicação, concentração e persistência. Sabemos que são muitas as pessoas que vivem sob o *comando* de paradigmas ou crenças, que nem sabem de onde se originaram. Seguem pela vida como robôs, repetindo pensamentos, hábitos e costumes, como se essa fosse a única alternativa que lhes coubesse; como se tudo já estivesse predeterminado e nada fosse possível modificar. Vivem preocupadas em não desagradar os outros, como se o que os outros pensam ou falam fosse o fato mais extraordinário da vida. Os outros são os outros e, muitas vezes, mal sabem o que é bom para eles mesmos. Então, por que atrelar a sua existência, "incondicionalmente", a eles? Cego não guia cego.

Tornar-se "observador de si mesmo" é uma "ferramenta" fundamental para se autoconhecer e aperfeiçoar-se. Na prática, o "exercício" da auto-observação é um aprendizado imprescindível, em toda busca por transformação existencial. Se você não observar a si mesmo, como saberá o grau de conhecimento que tem sobre você? Como saberá quais os valores, princípios, crenças ou preconceitos que regem a sua vida? Como saberá o que deve ser desaprendido ou mudado? Como reconhecerá suas deficiências ou os seus pontos fracos? Com irá perceber suas potencialidades e como investir nelas? Como saberá os hábitos que deverão ser abandonados e as qualidades que deverão ser aprimoradas? Como saberá o nível do saber, que irá alicerçar o seu desejo de mudança? Como definirá seus objetivos ou propósitos, e como terá clareza dos rumos para atingi-los? Como avaliará a qualidade da sua comunicação? São tantas perguntas que somente ao se tornar um excelente "observador de si mesmo" você encontrará as respostas.

Um exemplo pessoal. Houve um tempo em que fiquei incomodado comigo mesmo, pois percebi que estava sendo muito crítico com as pessoas e com tudo. Qualquer comportamento, opinião ou alguma expressão, lá estava eu a criticar. Às vezes, até em pensamento eu criticava. O incômodo foi tanto, que resolvi usar da "ferramenta" da auto-observação, visando encontrar uma saída da posição desconfortável e desarmoniosa em que me encontrava.

Decidi, então, tirar um dia para me auto-observar, focando o meu criticismo. Antes do fim do dia eu já tinha tirado as minhas conclusões. Confesso que me causou um forte impacto perceber o quanto eu estava sendo, exageradamente, crítico em meu dia a dia. Criticar era um vício. Depois do "assombro" dessa constatação, resolvi transformar cada pensamento ou expressão, contaminada pela crítica, em algo construtivo. Passei a praticar a flexibilidade, principalmente no que se referia às pessoas ao meu redor. Assim, aprendi a cultivar a compreensão, a compaixão e a humildade, adotando uma postura mais afetuosa para com todos. Aprendi a elogiar as pessoas, a dar-lhes *feedbacks* positivos. Percebi, também, que, ao expressar maior leveza no trato com as pessoas, estabeleceu-se uma troca afetiva muito saudável entre mim e elas. Provavelmente, se não tivesse feito o exercício da auto-observação, eu teria continuado a agir do mesmo modo, como se a minha postura crítica fosse natural.

Auto-observar-se é, também, observar seus pensamentos, suas emoções, seus sentimentos. Quais os pensamentos que mais lhe ocupam a mente? Eles são positivos ou negativos? Quais as emoções que mais o tocam? Quais os sentimentos que estão mais presentes em seu dia a dia? Sentimentos positivos ou negativos? Sentimentos de raiva, angústia, frustração, mágoa, ou de contentamento, alegria, amor? Qual a percepção que você tem de si mesmo? Como você se vê? Como uma pessoa bem-sucedida, empreendedora, arrojada e assertiva, ou como perdedora, aquela que nada dá certo, que sente pena de si mesma, que tudo é muito difícil, sofrido? Quanto mais você se auto-observar e indagar a si próprio, melhor! As respostas estão todas dentro de você!

Tornar-se observador de si mesmo requer, ainda, usar com maior eficiência a sua inteligência racional e lógica, a fim de fazer as conexões necessárias para extrair o aprendizado do passado e aplicá-lo no presente. Solicita interagir com todas as suas dimensões existenciais (espiritual, mental/emocional e física), visando fazer aflorar em si novas perspectivas vivenciais e transformadoras, para alcançar a excelência em seu modo de vida; buscar a essência dos saberes sobre si mesmo e o universo.

Um dado que ainda podemos acrescentar sobre a importância de "observar a si mesmo" está na convicção de que todo processo de transformação acontece "de dentro para fora". É muito claro, tanto para mim quanto para outros estudiosos do comportamento humano, que desde a infância a pessoa começa a formar a percepção de si mesma e do mundo à sua volta. E a partir daí é que ela desenvolve a relação consigo mesma e com os outros, sempre baseada no seu "sistema de crenças", nas "lentes" com que vê o mundo. Então, se, felizmente, em algum momento da sua vida você descobre que precisa mudar, que precisa buscar a sua porção de equilíbrio e felicidade no mundo, vai ter que modificar o seu modo de ver e sentir a vida. E isso, decisivamente, principia com a elaboração daquilo que eu denomino de "inventário interior", onde cabem as perguntas já formuladas.

Ninguém muda de fora para dentro. Mudanças desse tipo são superficiais e pouco duradouras. Ninguém muda se não souber o que condiciona seus pensamentos, hábitos e atitudes. Não basta só pensar positivo. Faz-se necessário despedir-se de toda negatividade, advinda da sua formação, e descobrir ou estabelecer novas referências positivas para ter sucesso nesta jornada evolutiva que é a vida.

Capítulo III

AUTOCONHECIMENTO

Conhecer-se para evoluir.

(Willes)

No capítulo sobre a definição da autoestima, expliquei que ela, por ser um "ente" interior, constitui-se, para muitos, um verdadeiro enigma: sabe-se que existe e que influencia posturas e escolhas, mas há dificuldade em percebê-la. Daí que o caminho mais propício para sua avaliação é o autoconhecimento. Não no sentido subjetivo ou esotérico, como às vezes esse processo é entendido, mas de modo a buscar, racionalmente, em sua história, todos os componentes formadores da sua personalidade ou caráter, elementos esses que se encontram alojados em seu subconsciente e, possivelmente, a nível inconsciente.

Por força da ignorância ou da banalização, o termo "autoconhecimento", às vezes, tem sido entendido como algo místico; como uma atitude apenas meditativa, uma "busca interior" um tanto quanto abstrata. No contexto desta abordagem, o autoconhecimento, ou a busca dele, significa o aprofundamento racional e objetivo para dentro de si mesmo, a fim de perscrutar a sua biografia, visando reconhecer que tipo de pessoa você é, o que determina o modo como pensa e age ou em que direção está conduzindo a sua vida. Em síntese, autoconhecimento é a promoção do conhecimento de si próprio, é desnudar-se de disfarces ou máscaras, visando o aprimoramento das suas qualidades e o enfrentamento das suas imperfeições ou dificuldades. Quanto maior o conhecimento dessa interioridade, melhores serão as possibilidades de realizar mudanças substanciais e duradouras; maior a eficácia na conquista de objetivos positivos e saudáveis.

O autoconhecimento é uma escolha consciente, quanto mais profundo o grau de comprometimento com essa busca, melhores serão os resultados obtidos. Falo de resultados porque o autoconhecimento é, de certo modo, uma ferramenta na busca do autoaperfeiçoamento, pois, por si só, ele não realiza nada, mas é um importante guia para a autorrealização existencial. Autoconhecer é ir ao encontro do que é, aparentemente, "misterioso" ou incompreensível em nossa existência, é buscar clareza para as nossas interrogações, "acender a luz" sobre quem somos e o que desejamos, para, a partir daí, transformarmo-nos naquilo que queremos ser.

Poucas pessoas interessam-se pela sua própria autobiografia, por conhecer com profundidade e detalhes sua própria história. Às vezes sabemos, muito bem, a história de diversos personagens do nosso cotidiano ou, até mesmo, do passado, mas damos muito pouca importância à nossa própria trajetória. Em terapia, por exemplo, quando pergunto a algum cliente o que ele sabe a respeito da sua gestação e do seu parto, ouço respostas de estranheza, tipo:

— Não sei. Minha mãe nunca me falou disso. Isso é importante?

Alguns, com ar de surpresa, até perguntam:

— O que isso tem a ver com o meu problema?

Outros apenas dizem:

— Sabe que eu nunca me interessei por isso...

Aí, eu me pergunto:

— Onde foi que aprendemos a não dar valor à nossa própria história?

De acordo com o método desenvolvido por mim, em psicoterapia, tenho recomendado essa "investigação", desde a gestação, passando pelo nascimento e, sobremaneira, pelo modo educativo a que o indivíduo foi submetido, desde criança até a adolescência. Fase em que se delineiam, com maior amplitude, as predisposições que poderão vir a influenciar sua autoestima.

Nessa rota consciencial visando, inclusive, ao aprimoramento da habilidade da auto-observação, é possível perceber, com maior nitidez, como você expressa sua autoestima em cada setor existencial, ou seja, assim é possível verificar, em cada postura ou ação, o grau de autoestima que está a guiá-lo. Não há como alguém mudar o padrão da sua autoestima sem que, a priori, ele seja submetido a uma análise profunda, com vistas a conhecer os elementos da sua formação que, em última análise, são os geradores de predisposições para a baixa autoestima.

Conhecer-se para transformar-se, essa é a tônica que rege o sentido do autoconhecimento. Algo, a meu ver, óbvio, principalmente porque, quanto mais e melhor conhecemos nossas imperfeições ou carências, maiores serão as nossas oportunidades de superá-las.

Capítulo IV

AUTOCONSCIÊNCIA E CONSCIÊNCIA

*Existir é ter consciência
de si mesmo.*

(Willes)

Se fosse adentrar no campo filosófico, por certo poderia escrever páginas e mais páginas sobre o que seria a autoconsciência e consciência. Então, fugindo ao caráter especulativo que o tema, por si só, já sugere, vou me ater àquilo que interessa sob a ótica da autoestima e da sua transformação. Partindo do pressuposto de que autoconsciência é um "atributo" racional e singular do ser humano, que, digamos assim, precede a consciência, podemos afirmar que, nesse contexto da compreensão de si mesmo, ela significa o aprofundamento do autoconhecimento, com vistas à consciência efetiva do indivíduo em sua integralidade. O que equivale dizer, ainda, que a autoconsciência esteia a sua consciência, para que ela, objetivamente, compreenda como se relaciona consigo mesmo, na sua "intrapessoalidade", e igualmente perceba como sobrevêm as suas relações interpessoais no ambiente do qual faz parte.

Em síntese, a auto-observação, o autoconhecimento e a autoconsciência são elementos que, em seu conjunto, se complementam na tarefa de "colher e processar" informações e vivências, no sentido de promover o "amadurecimento" psicológico do indivíduo, despertando e fundamentando a consciência, elevada, de si mesmo. Consciência essa que, além de servir-lhe como instrumento de correção da sua personalidade e conduta, motivará o seu desenvolvimento, dando origem a novas ações e posturas. Até porque, quanto mais o indivíduo qualificar sua consciência, melhor reconhecerá suas propensões, deficiências, competências e habilidades. Portanto, seja na transformação da autoestima ou na sustentação do seu equilíbrio existencial, a autoconsciência é, para o indivíduo, um guia referencial para o seu progresso consciente, em todas as dimensões ou setores de sua existência.

Em uma palestra para dependentes químicos na Comunidade Terapêutica onde sou voluntário, enquanto eu discorria sobre o tema que nomeia este capítulo, um recuperando disse:

— Mas eu tenho consciência do mal que a droga faz.

Eu lhe respondi:

— Você, apenas, tem a informação sobre os efeitos das drogas. Se tivesse consciência, agiria diferente.

O meu juízo sobre consciência vai além do ato de obter informação. Possuir "consciência" sobre determinada situação, fato ou ocorrência implica adquirir o conhecimento, processá-lo racionalmente e aplicá-lo positivamente. Saber e não aplicar o que sabe torna o conhecimento inútil e não aviva a consciência.

O leitor mais atento já deve ter percebido que me referi à influência dos "registros subconscientes e inconscientes" na autoestima e, consequentemente, na base de posturas ou condutas. Agir guiado, exclusivamente, por esses registros significa atuar no mundo fenomênico de modo inconsciente, instintivo ou impulsivo. Mormente, quando agimos assim, o desfecho das nossas ações é quase que imprevisível e, com certa contumácia, resultam em situações de sofrimento e desconforto, que são alimentadas, sobretudo, por sentimento de culpa.

De outra feita, um ouvinte interpelou-me da seguinte maneira: "Tudo bem, eu entendi a importância de estar consciente, mas como fazê-lo?" Além de respondê-lo no momento, passei a refletir com mais vagar sobre o assunto, já que tenho o hábito, não só de falar a respeito de mudanças de conduta, mas também de fornecer alguns elementos para que as pessoas qualifiquem sua reflexão e façam melhor uso, prático, do saber adquirido.

Pense: é notório que todos nós possuímos o atributo da inteligência, mas o que nos diferencia é o uso que fazemos dela, sendo da nossa livre escolha aprimorá-la ou não. Toda ocasião em que raciocinamos, estamos potencializando nossa inteligência. Se não acionamos a *razão*, ela permanece estática, pois, por si só, a inteligência não promove o saber. Exemplificando: a inteligência é como se fosse uma máquina fotográfica, que nos dá apenas o retrato do objeto, nada mais. O detalhamento dele e, às vezes, a sua compreensão, só obtemos por intermédio do uso da observação racional. Imagine a fotografia de uma paisagem. Quem nos diz que é uma paisagem é a inteligência, porém a ação da nossa razão é que nos levará a detalhar o que estamos vendo, se é um campo, uma floresta, se há pássaros ou não, a cor deles, as espécies etc. Poderia dizer que a inteligência pode ser vista, também, como um farol, a razão é que determina onde e o que iluminar.

O tornar-se consciente resulta da seguinte "equação": ao fazer uso da inteligência, ao analisar, você potencializa a capacidade de apreensão e, quando isso acontece, então, está raciocinando, ativando sua razão, e, quanto mais a utiliza, maior é o nível da sua consciência e clareza. O estado de consciência é aprendido, qualificado e aprimorado. Quanto mais consciente, melhor é a sua capacidade de compreensão e de julgamento de si mesmo, melhor é a definição dos seus valores e qualidades. Consciente, você avalia as suas atitudes e o que resultará delas, antes de colocá-las em prática, ou seja, "pensar o que fazer antes de fazer".

Segundo Nathaniel Branden, estudioso já citado nesta obra:

> Nossa mente é o nosso meio básico de sobrevivência. Todas as conquistas que nos distinguem como homens são reflexos da nossa capacidade de pensar. A vida bem sucedida depende do uso adequado da inteligência às tarefas e metas que estabelecemos para nós mesmos e aos desafios que enfrentamos. Esse é o fato biológico central da nossa existência (1997, p. 28).

Com base nesse enunciado, não é difícil compreender a importância e o valor que devemos dar ao uso da inteligência no desenvolvimento da nossa consciência, com vistas a resgatar e manter elevada a nossa autoestima. O uso e aprimoramento constante dela é elemento essencial à nossa autoestima, pois mediante seu exercício contínuo é que damos lucidez e qualidade às nossas escolhas.

Ao fazer uma palestra para alunos do 7.° ano do ensino fundamental, de uma escola pública, um adolescente, na simplicidade da sua idade, perguntou-me:

— Para que tipo de escolha eu devo estar consciente? — Eu respondi-lhe:

— Para todas as suas escolhas. Quando acorda pela manhã, é você quem escolhe levantar ou não; escolhe, inclusive, como será o seu dia na escola, se vai fazer um bom aprendizado ou vai apenas passar o tempo na escola, brincando, ou coisa semelhante.

Seguindo a linha desse exemplo, cabe-nos perceber que, a todo tempo, estamos efetuando escolhas. E que a qualidade delas, por sua vez, estará intimamente relacionada com o grau da nossa consciência, cuja positividade dependerá do uso que fazemos da nossa inteligência. "Ter inteligência ou ser inteligente, eis a questão!"

Aquele que vive conscientemente tem a exata noção da realidade de si mesmo e do mundo. Não se apega a ilusões, pois possui a dimensão exata das suas potencialidades e do quanto é capaz de aprimorá-las. Reconhece e utiliza seus predicados, em face dos desafios que deva enfrentar. Sabe que, quanto mais conscientes forem suas ações, menor será a possibilidade de fracasso ou frustração.

Cada propósito a ser realizado exige um "estado mental" adequado a ele, demanda um nível de atenção diferenciado, e isso só se atinge por meio da consciência. Muitos dos nossos fracassos podem ser explicados pelo fato de não conseguirmos "criar" esse estado mental propício à execução daquilo que nos propomos a transformar em realidade. Algumas vezes, por exemplo, idealizamos um objetivo, mas deixamos de analisar a nossa habilidade para realizá-lo, ou a realidade que permeia a sua execução. E, aí, quando fracassamos, nos culpamos e reforçamos nosso sentimento de incompetência pessoal.

Às vezes me perguntam: "Mas se para viver consciente eu tenho que ficar mais racional, eu não vou prejudicar minhas emoções ou me tornar uma pessoa fria e calculista?" Essa é uma ideia errônea que muitos, às vezes, equivocadamente cultivam, achando que a razão é incompatível com a emoção, quando, na verdade, a racionalidade qualifica melhor as emoções.

O "estar consciente" evita também a "identificação com situações periféricas". E o que é identificar-se com "situações periféricas?" Explico: uma pessoa que "vive" com raiva de alguém ou de algo, quando se deixa dominar por esse sentimento, está "identificando-se" com ele, sendo, de certo modo, *possuída* por ele. A mente da pessoa é, então, tomada pela raiva, e ela passa a expressá-la, mesmo que inconscientemente, em suas condutas e ações. Isso denomino "identificação". Quando alguém diz que está preocupado, com medo, depressivo, magoado, frustrado etc., assume a "identidade" daquilo que está sentindo. Promovemos o nosso desequilíbrio quando não estamos plenamente conscientes, quando estamos "identificados" com aquilo que é "periférico", aquilo que está fora do nosso "Centro", do nosso ponto de equilíbrio psicoemocional. Estar consciente, então, é estar "centrado", "identificado" com o nosso "Eu Consciente".

Em síntese, viver consciente é estar, a cada momento, conectado com a razão, com a racionalidade; é estar convicto de que cada ação e escolha correspondem ao que de melhor você pode fazer por si mesmo; é "promover" o abandono de atitudes instintivas, impulsivas ou, até mesmo, compulsivas. Agindo conscientemente, você eleva o grau da sua autoestima e cria possibilidades de vivenciar, com equilíbrio e prazer, todos os setores da sua vida.

Capítulo V

ESCOLHAS CONSCIENTES

*Somos a única espécie capaz de formular
uma visão de quais valores compensam ser buscados,
para depois ir atrás, exatamente, do oposto.*

(Nathaniel Branden)

Alcançar um patamar consciencial elevado só nos é possível quando usamos, com maior eficácia, os mecanismos "mentais" de inteligência, recursos que temos disponíveis para servir-nos nessa magnífica tarefa. É por meio deles que conferimos valor e significado a tudo que está relacionado com a nossa demanda existencial; que definimos as atitudes mais adequadas para harmonizarmo-nos com o meio onde vivemos; que escolhemos o modo como enfrentamos novas situações ou como resolvemos problemas e aprendemos, a partir de nossas próprias vivências. Enfim, o refinamento qualitativo dessas habilidades perceptivas é instrumento essencial à nossa sobre-vivência. E quanto mais nos esmerarmos, melhor sustentamos nossa autoestima e, consequentemente, elevamos o grau de satisfação das nossas escolhas, realizações ou conquistas.

Pense: às vezes, pode ser muito difícil admitir que frustrações, sofrimentos ou fracassos sejam obras de nossas próprias escolhas. E isso sobrevém porque a maioria de nós vive sob o domínio de uma "cultura de desresponsabilização", cuja influência limita a com-preensão mais profunda dos mecanismos que regem a vida, em sua pluralidade de dimensões. Por falta de conhecimento, acreditamos que muito pouco nos compete mudar ou transformar. E, dessa forma, abortamos, em nós, as competências que deveriam estimular nossa coragem e ousadia de optar pelo novo ou o diferente em nossa existência.

Estamos habituados a procurar, fora de nós, os culpados para tudo. É como se fosse um vício: em casa culpamos pais ou familiares, no trabalho culpamos o chefe ou companheiros, nos relacionamentos culpamos sempre o outro; culpamos Deus, o destino, o acaso e todo mundo. Não conseguimos perceber que, agindo assim, sistematicamente, estamos invalidando o poder das nossas escolhas e negligenciando a responsabilidade, que deveríamos ter, por nossas decisões.

É contumaz pessoas declararem que estavam confusas e sem saber o que fazer, quando tomaram alguma decisão que resultou em algo desagradável. Pois bem, quando não se tem amplo domínio sobre pensamentos ou emoções, essa não é a hora de tomar decisões. Nesse momento é preciso dar-se um tempo para analisar os fatos, a realidade e as consequências da escolha, para depois, sim, decidir. Deliberações inconscientes, impulsivas geram sempre resultados desagradáveis e, posteriormente, arrependimento, sentimento de culpa e autopunição.

Em síntese, podemos concluir que existem dois tipos de escolhas: as negativas, que podem ser classificadas como inconscientes ou instintivas — irracionais ou impulsivas — e são movidas, principalmente, por emoções, medos, carências, necessidades reais ou artificiais; e as positivas, que podem ser classificadas como escolhas conscientes — racionais — e são movidas por um "intento claro e racionalmente bem definidas". A maioria das escolhas do ser humano está situada no campo da negatividade. E, mormente, resultam em fracassos, desconfortos, frustrações e desequilíbrios. As escolhas positivas são em número menor e mais criteriosas, levam em conta uma análise mais apurada dos fatos, a realidade, o momento e suas consequências ou resultados.

A base do "padrão de escolha" de cada pessoa está intimamente ligada à condição da sua autoestima. Escolher para depois pensar é o modo predominante, que dirige a existência daqueles que possuem baixa autoestima. Indivíduos com autoestima elevada, seguramente, optam por escolhas positivas, conscientes. Nessa polaridade as escolhas mudam de patamar, são construtivas, possuem direção e um bom propósito. Aliás, vale esclarecer que só tem propósito quem vive conscientemente, até porque, obviamente, para definir metas e propósitos coerentes é necessário consciência. De outro modo a pessoa irá seguir seu roteiro inconsciente de vida, guiado por uma "programação" aleatória, ditada pela ignorância, preconceitos, educação e crenças inadequadas, rebeldia, revolta ou até mesmo pelos outros.

Pense bem! Você pode até ignorar, mas, a todo o momento, está a fazer escolhas. É você quem escolhe refletir, agir racionalmente ou não. Mesmo que suas escolhas sejam inconscientes, isso não elimina sua responsabilidade por elas e por suas consequências. Ao acordar, pela manhã, por exemplo, você já está fazendo escolhas. É você quem escolhe sair da cama ou não, lavar o rosto, escovar os dentes, a roupa que irá usar; escolhe o desjejum matinal, como irá saudar as pessoas que convivem com você etc. Escolhe, sobretudo, o estado de humor que irá acompanhá-lo durante o dia; no trabalho, escolhe a qualidade com que irá executar as suas tarefas, se vai ser produtivo ou não; escolhe como aproveitará, da melhor maneira, o seu tempo.

Se você for portador de baixa autoestima, provavelmente irá atuar na vida sob o comando da "negatividade", e isso influenciará a qualidade de todas as suas escolhas. Derrotismo, comodismo, rebeldia, procrastinação são frutos da baixa autoestima. Aliás, vale reprisar: para pessoas com baixa autoestima, viver é assustador, por quanto elas se entregam a alimentar seus medos e a se desresponsabilizar pelas suas preferências. Por outro lado, se você possui autoestima elevada sentir-se-á mais preparado, confiante e responderá, com maior eficácia, às oportunidades que a vida lhe apresentar.

Há um princípio, muito difundido, de que nem tudo na vida é passível de escolha. Em tese, isso é verdadeiro, no entanto, em sua vida, há uma margem considerável de alternativas que são da sua total responsabilidade. Negar a capacidade de escolha é o caminho mais fácil para se autoanular, para declarar-se incapaz de eleger o melhor para si mesmo.

O tal do "livre-arbítrio", o poder de escolha, só funciona quando você expande a sua consciência, caso contrário, o que domina é o determinismo, que tanto pode ser ditado pelo meio quanto pelas crenças alojadas em seu "arcabouço" mental. A única maneira de sair desse roteiro é ampliando o uso eficaz da inteligência e da mente, para tornar-se consciente. É desenvolvendo essa capacidade ímpar, e manifestando-a por conta de posturas e condutas que exprimam seu autovalor e o amor por si mesmo, que você irá elevar o nível das suas escolhas a um patamar mais abundante de autossatisfação.

Numa de suas importantes obras, *Respiração, angústia e renascimento*, José Ângelo Gaiarsa, a quem reverencio como um mentor admirável, diz:

> O que nos leva a crer que, uma vez 'adultos', nada mais vai modificar-nos? Por que falamos tanto do medo da mudança, do novo, ou do risco, se estamos mudando o tempo todo? Na verdade, é bem capaz que nosso maior risco e nossa maior desgraça concentrem-se em nossos esforços incansáveis de permanecermos os mesmos, para que tudo continue sempre igual e sempre o mesmo — como sempre foi [...] (1994, p. 297).

Esta é a realidade! Para mudar o padrão de suas escolhas, com certeza, você tem e terá que vencer o medo do novo, vencer o temor de fazer tudo diferente. Aprender a dizer sim, ou não, quando for necessário, sem receio de desagradar; romper com a chamada "zona de conforto", que nada mais é que a zona do comodismo, da estagnação.

Sabedor do quanto é difícil agradar a "todo mundo", pelo menos escolha agradar a si mesmo. Busque fazer o que você gosta, verdadeiramente; o que lhe é saudável e lhe proporciona agrado. As suas escolhas devem ser as melhores, primeiramente para você mesmo, pois, se assim o fizer, com certeza agradará a quem, genuinamente, gosta de você. Somente quem lhe tem estima deseja a sua alegria, o seu bem-estar, o seu sucesso. Sendo assim, é recomendável envidar todos os esforços, possíveis, para romper e superar o "como sempre foi", e estabelecer o "como você quer que seja". É você, o tempo todo, responsável por suas escolhas e cabe-lhe aprimorá-las, sempre.

Enfim, consciente ou inconscientemente, há sempre um momento em que cada um escolhe ser como é. Por isso, principalmente quando se é adulto, nada justifica abrir mão de, pelo menos, tentar viver de maneira mais harmoniosa, digna e edificante. Ninguém tem o dom da perfeição, mas sempre vale a pena escolher o que lhe faz bem;

escolher objetivos agradáveis e que proporcionem prazer ao reali-zá-los. E, assim, por meio de escolhas cada vez mais conscientes, a vida seguirá se transformando e, a cada instante, proporcionando-lhe leveza, harmonia e paz, elementos fundamentais para a conquista de porções, cada vez mais fartas, de felicidade.

Capítulo VI

TEMPO E VIDA

*Todos os dias quando acordo
não tenho mais o tempo que passou.
Mas tenho muito tempo...*

(Legião Urbana)

Certo domingo de verão, quando minhas filhas eram crianças, estava à beira da piscina no clube que frequento, na cidade onde resido. Era um dia maravilhoso! A água, cristalina, da piscina contrastava com o céu azul em que brilhava o sol radiante, tudo isso ao som do canto alegre dos pássaros que, por ali, "brincavam" nas árvores...

Enquanto comentava com elas sobre a beleza daquele dia e a melhor maneira de aproveitá-lo, observei que, bem próximo de onde estávamos, havia um grupo de pessoas sentadas ao redor de uma mesa conversando, animadamente. Ao perceberem nossa presença, nos cumprimentaram e continuaram o bate-papo. Como falavam alto, pude ouvir que a conversa girava, o tempo todo, em torno de assuntos sobre a vida de outras pessoas. Estavam a "falar mal da vida alheia", com uma empolgação tão doentia, que, em poucos instantes, eu e minhas filhas fomos procurar outro lugar para ficar, pois queríamos que o nosso domingo passasse em harmonia com o belo dia que o universo nos presenteara.

Na segunda-feira, ao analisar o episódio do clube, me veio à mente a seguinte questão: "Será que pessoas de boa autoestima perderiam tanto tempo a falar mal das outras, ao invés de utilizarem-no para viver momentos saudáveis, de descontração e leveza?" A conclusão foi a de que, pessoas de boa autoestima não "perdem" tempo, pois, para elas, cada minuto da vida deve ser bem vivido, deve ser usufruído de maneira "produtiva" e com muito prazer.

Este breve relato serve de ponte para a introdução de outro elemento, de suma importância, para observar e aperfeiçoar a sua autoestima: o tempo. Alguém poderia questionar: "Mas por que o tempo? O que o tempo tem a ver com a autoestima?" É no tempo onde tudo acontece, onde tudo é, ou virá a ser em sua vida. Se, como já afirmei repetidas vezes, a autoestima está presente na base de tudo o que você faz e escolhe em sua existência, nada mais lógico, então, que ela seja determinante no modo como você aproveita ou administra seu tempo.

O tempo não para. Onde você estiver, o tempo também estará. Você e o tempo são inseparáveis. Não há como fugir do tempo. Ele é eterno e, a todo o momento, essa porção de eternidade, que é o período da sua existência, está à sua disposição. Então, partindo do princípio de que o tempo dispendido com alguma atividade é o tempo que lhe pertence, uma maneira segura de avaliar o grau da sua autoestima é a observação, consciente, da qualidade com que o emprega. O modo como age em cada tempo e lugar é reflexo do conceito que você tem de si próprio. Sendo assim, é da sua inteira responsabilidade o que faz com ele, como o utiliza para torná-lo prazerosamente produtivo.

Em minha concepção, há duas opções em relação ao tempo: perder ou gastar. Gastar significa utilizá-lo de forma produtiva, positiva. Perder é empregá-lo de modo inadequado, improdutivo, negativo. A todo o momento você está gastando ou perdendo tempo. Muitas pessoas, por exemplo, perdem tempo por viverem ancoradas no passado. O tempo passado é uma ilusão, é apenas um fenômeno psicológico, porque ele não existe na realidade, ele é virtual. Quando você "viaja" em sua mente "rumo" ao passado, boas lembranças poderão gerar sensações agradáveis. Porém, se as lembranças forem desagradáveis, as sensações geradas serão de mal-estar e poderão resultar em desequilíbrio ou desconforto, contaminando, negativa-mente, o tempo presente. De qualquer maneira, o culto ao passado é perda de tempo. Situações negativas do passado são alimentado-ras da baixa autoestima. Qualquer ocorrência que você tenha para resolver ou objetivo para atingir, só obterá êxito se conservar a sua autoestima elevada e estiver, integralmente, comprometido com o tempo presente.

Um exemplo pessoal: passei um tempo considerável da minha existência estacionado no passado. Movido por mágoas, tristezas, raivas e ressentimentos, oriundos do trauma do abandono e da rejeição. Tudo que fazia estava contaminado pelo meu passado. Nada que tentasse realizar escapava desse contágio. Sentia-me a pessoa mais injustiçada do mundo e, por isso, foram inúmeras as ações autodestrutivas, que levei a efeito durante minha adolescência e juventude. Nesse período, com uma autoestima praticamente inexistente, desenvolvi, também, um complexo profundo de inferioridade, que minava as energias que eu necessitava para reagir às oportunidades da vida. Somente quando obtive algum conhecimento mais apurado de mim mesmo foi que compreendi a dimensão do tempo que perdi, sentindo pena de mim mesmo. E, então, tomei a decisão de colocar o tempo a meu favor. Passei a buscar as lições contidas nas frustrações e nos insucessos, revi os conceitos negativos que tinha desenvolvido, tanto de mim quanto da vida em si. Abandonei, de vez, o passado e me concentrei no presente, único tempo onde eu, realmente, consegui fazer a diferença e realizar muito do que, antes, me parecia ser impossível.

São inúmeras as circunstâncias em que você despende seu tempo, daí, deve estar atento a todas elas para melhor usufruir dele. Para abandonar rotinas desgastantes e criar novos hábitos, é necessário ter a autoestima equilibrada, pois ela é fundamental para criar autodisciplina. Se você, por exemplo, for uma daquelas pessoas que passa o tempo todo do horário do seu trabalho reclamando da situação, falando mal dos companheiros ou do chefe, ou fazendo o trabalho de má vontade, provavelmente lhe falta autoestima. E isso se explica pelo fato de que esse tempo que você não qualifica é representativo do insuficiente valor que dispensa a si mesmo.

Ainda no campo do trabalho, muitas vezes ouvi alguém dizer: "pelo que eu ganho, o que faço está de bom tamanho". Ocorre que a pessoa, ao expressar-se desse modo, mesmo que inconscientemente, está proclamando o seu limite. É como se dissesse: "é só isso que eu valho, eu ganho o que mereço". Se ela mesma se reconhece incapaz de ser produtivamente eficiente, dificilmente será satisfatoriamente remunerada. Consequentemente, ficará "marcando passo" na empresa ou será demitida. Esta é uma situação de baixa autoestima, posto que alguém que a tenha em um nível mais elevado, levará em conta a preciosidade do seu tempo e buscará demonstrar maior competência para ser bem recompensada.

Quando você, por exemplo, é convidado para um casamento, isso não acontece sem um sentido, alguma consideração está sendo expressa pelo convite. Não creio que alguém convide para uma cerimônia de tamanha importância uma pessoa de que não gosta ou com a qual não tenha nenhum vínculo amigável. Se você vai ao casamento e, chegando lá, se impacienta com a demora da cerimônia e começa a dar vazão a críticas de toda espécie, este é um sintoma de baixa autoestima, pois a presunção é de que você deveria estar ali prazerosamente, nutrindo os melhores pensamentos e destinando àqueles que estão se unindo em matrimônio os mais afáveis votos.

A importância do uso do tempo, em relação à autoestima, está em aplicá-lo de maneira eficaz e, para isso, é necessário ter a exata noção do que ele representa no contexto existencial. A pessoa com uma boa autoestima sabe tirar o máximo de prazer do seu tempo, em qualquer circunstância, isso porque possui a consciência do seu valor. Se, como diz Freud, nós vivemos boa parte de nossa vida movidos pelo nosso inconsciente, então, é imprescindível que nos façamos conscientes para que vivamos de maneira mais saudável. O caminho da razão é o que devemos percorrer, para que tenhamos uma profunda compreensão de nós mesmos e, com isso, qualifique-mos nossas atitudes para obtermos, da vida, momentos de maior equilíbrio e prazer.

Lembre-se; recuperar o tempo perdido não existe, é pura ilu-são. O tempo, na verdade, é implacável, não há como recuperá-lo, se o desperdiçar. O momento presente é o mais importante da sua experiência vivencial. O futuro será como você tecê-lo no "aqui e agora". É no presente que você está "vivo" e que, positiva ou nega-tivamente, pode agir. Investir tempo, com excelência, em si mesmo é fundamental para a melhoria da qualidade de vida, em todas as suas dimensões existenciais. Não é nenhum egoísmo reservar tempo para cuidar bem de si próprio, para renovar suas energias, manter-se saudável, sereno e bem-humorado. A qualidade do tempo que você dedica aos outros principia na qualidade do uso do seu tempo pessoal.

Capítulo VII

AUTOMERECIMENTO

*Permita-se ambicionar
o melhor. Você merece!*

(Willes)

Em sã consciência, não há quem não ambicione o melhor para si próprio. Todos querem ser bem-sucedidos, viver de modo confortável, prazeroso e equilibrado. Então, por que será que encontramos um imenso número de pessoas que vive a contrariar esse desejo?

Uma das respostas possíveis a essa indagação é a de que lhes falta autoestima suficiente para que se sintam merecedoras daquilo que aspiram. A baixa autoestima é o que as leva a não acreditar que são dignas de conquistas mais elevadas, conformando-as a uma existência precária em realizações. É essa posição de autodesvalorização que as induz a contentarem-se com pouco, a não se conceberem capazes de obter algo maior, ou melhor. Enfim, é baseado nessa condição de inferioridade, que muitas pessoas nem se permitem sonhar com a realização de feitos notáveis e compensadores. E o que é pior: "elas creem que é isso que merecem".

Pode parecer estranho falar da existência de indivíduos que têm dificuldades em acreditar que são dignos de algo mais auspicioso em suas vidas, mas, a depender do grau da autoestima de cada um, essa ocorrência é possível e real. E isso se deve, principalmente, a "situações mal resolvidas do passado" entranhadas em suas existências, que, na esfera emocional, lhes impõem sérias limitações ao desenvolvimento de seus recursos e aptidões. Pessoas que não conseguem firmar, em si, o sentimento de automerecimento, mormente são aquelas que, na prática, mesmo inconscientemente, agem boicotando ou sabotando seus próprios sonhos ou oportunidades.

Pense: quando você não consegue perceber-se possuidor de um sentimento elevado, de valor pessoal, por certo tenderá a sentir-se incapaz de grandes realizações, podendo, como muitos, viver mediocremente, obtendo da vida, apenas, como dizem alguns, "o que lhes permite o destino". Quando você se apega a um sistema de crenças limitadoras em que se vê como incapaz de realizar feitos de maior envergadura ou quando acredita que suas deficiências nunca serão superadas, certamente lhe faltará motivação suficiente para ser bem-sucedido em algum empreendimento.

As crenças limitadoras funcionam como uma espécie de trava que lhe impede de perceber as boas oportunidades e confiar no desenvolvimento da sua competência pessoal. Funciona como se você dissesse, o tempo todo, para si mesmo: "eu não consigo, eu não posso, isso não é para mim, isso é muito difícil". Sendo assim, o que irá reger sua existência será o fatalismo ou o determinismo, elementos que o induzirão a conformar-se (E viva os inconformados!) com suas precárias conquistas na vida, levando-o a acreditar ser impossível fugir ao círculo vicioso de fracassos, perdas e frustrações. Muitas dessas crenças podem, também, levá-lo a adotar o *"vitimismo"* para justificar a sua falta de reatividade, diante dos obstáculos inerentes ao *"aprendizado"* inexaurível de viver.

Você pode fazer melhor. Com certeza, pode ser melhor! Desde que elimine do seu ser as impressões negativas que tem a seu próprio respeito; desde que troque a lente com a qual se vê e se avalia; desde que invista, seriamente, em sua autovalorização, pois valor e valores, com certeza, você os tem, só precisa ter mais zelo por eles; buscar em si, e no todo que é a sua existência, referências claramente positivas e motivadoras. Nada e ninguém podem determinar quem você é. Somente você tem esse poder! Você não aportou nessa existência para ser "coitadinho". Você está aqui para ser mais! Se você se autovalorizar, consequentemente, confiará mais em suas qualidades, ideias e competências. Será mais afirmativo, mais proativo e, certamente, sentir-se-á digno de conquistas mais auspiciosas. Permita-se ambicionar o melhor, você merece!

Capítulo VIII

PROATIVIDADE E AUTOESTIMA

O indivíduo proativo é autodeterminado.
Não espera acontecer, faz acontecer!

(Willes)

Ser reativo ou proativo, eis a questão! No universo vivencial a que estamos todos submetidos, a maioria de nós vive, inconscientemente, sob o "comando" de um *script* ou "roteiro" comportamental constituído, desde os primeiros anos de vida, sob as mais diversas influências, durante o processo educativo a que a pessoa foi submetida (ver capítulo sobre autoestima e educação). E esse *script* "atua" em sua existência como uma *programação*, contendo paradigmas, valores, princípios ou crenças às quais a pessoa "obedece" na maior parte do tempo inconscientemente. Pode-se afirmar, ainda, que essa *programação* é determinante no modo como a pessoa percebe a si mesma e o todo do qual ela faz parte, comprometendo, dessa forma, a sua autonomia enquanto sujeito das suas escolhas e do seu destino.

Para efeito desta abordagem, vamos considerar, principalmente, a existência de dois *scripts* comportamentais que, a meu ver, são os mais visíveis: o da submissão e o da reatividade. Sob a influência do primeiro, a pessoa se submete a situações, "mandatos" e condicionamentos, seguindo, cegamente, por assim dizer, certos determinismos, sejam eles considerados hereditários, culturais, psíquico-comportamentais etc. No segundo, a pessoa é regida por necessidades, sentimentos, circunstâncias, ambiente, condições e elementos assemelhados, que resultam em estímulos. Em síntese, pelas razões já expostas, pode-se afirmar também que a maioria das pessoas está propensa a viver sob a influência desses dois *scripts*.

Na prática, sob o *script* da "submissão" a pessoa vive passivamente, conformando-se a situações sem expressar o seu pensamento, a sua vontade, enfim, a sua individualidade. Nas relações interpessoais, por exemplo, o que comanda as suas ações é o princípio do "agradar sempre", da subordinação à vontade ou preferências alheias. Nesse caso, a pessoa não se permite dizer não; não se permite contrariar ideias ou paradigmas estabelecidos pelos outros. Em razão da ausência de autoestima, coloca-se continuamente em posição de subserviência, como se isso fosse natural. Além do que, quando submissa, ela promove em si mesma a anulação de suas capacidades e competências pessoais, assumindo uma posição existencial de incapacidade e limitação.

O *script* da reatividade, obviamente, difere da submissão, porque — sob a sua influência —, a pessoa reage, de algum modo, aos estímulos que advêm à existência. O que, necessariamente, não significa que ser reativo seja inteiramente positivo, já que mesmo quando a pessoa age bem-intencionada ela é, sempre, dependente de algo que motive ou impulsione a sua reação. A reatividade, quando é extremamente negativa, costuma estar alicerçada na falta de saber, rebeldia ou revolta. Vale, ainda, reafirmar que — independentemente da polaridade prevalente na reatividade — a ausência de racionalidade e autonomia presente nesse *script* impede a pessoa de decidir com maior solidez e "prever" a eficácia das suas ações.

Sob a perspectiva da autoestima, conforme já definida e exposta no decorrer deste livro, ambos os *scripts* mencionados são oriundos da sua total ausência ou do seu estado precário. Daí que, para desenvolver a competência da proatividade, é necessário, antes, transformar a autoestima. Aliás, não creio ser possível qualquer transformação existencial significativa sem que ela passe pelo aperfeiçoamento da autoestima.

A proatividade está umbilicalmente ligada à autoestima por três dos seus elementos mais importantes, já apresentados anteriormente, que são: autovalorização, autoconfiança e autorresponsabilidade. Isso porque, quando "reconhece" o seu "valor pessoal", automaticamente, passa a confiar mais em si mesmo e adquire autonomia e consciência suficientes para tornar-se responsável pela sua vida e tudo mais que a ela esteja conectado.

Se você deseja ser proativo, antes é preciso compreender que a maioria das pessoas vive num "padrão predominante" que designo como cultura da "autodesresponsabilização pessoal", no qual, em razão das mais diversas influências, desde cedo se aprende a responsabilizar ou culpar os outros, os fatos, os acontecimentos, o destino e até Deus, por tudo que acontece. Culpar a tudo e a todos é a tônica dessa infeliz cultura. Daí, que não há como desenvolver a proatividade, sem que antes você evolua em sua autorresponsabilidade, o que, necessariamente, como já vimos, exige o refinamento da sua autoestima. Além do que, como já referi no capítulo sobre autorresponsabilidade, não há como erigir mudanças existenciais sem que você assuma total responsabilidade por elas.

Veja a diferença: a pessoa, sob os *scripts* da submissão ou da reatividade, vive continuamente a repetir: "é o destino", "se alguém me ajudasse", "não posso", "não consigo", "é muito difícil", "sou azarado", "é o meu carma", "a esperança é a última que morre", "não sei mais o que fazer", "não consigo mudar as coisas", "eu bem que tentei"; "tudo dá errado para mim"; " esse é o meu jeito", "tá ruim, mas tá bom", " um dia minha sorte vai mudar", "ninguém me valoriza", "ninguém me ama", "minha vida não tem sentido", "sinto-me vazio". Ela está sempre à espera de alguém que resolva o seu problema, que lhe apresente uma solução ou faça por ela; "alguém que a faça feliz", que algum milagre ou mágica a faça superar suas dificuldades. Enfim, ela não reage positivamente às oportunidades ou situações que se apresentam para seu progresso. Está sempre fugindo à responsabilidade pela sua vida. Vive a sentir pena de si mesmo, a autopiedade é o seu forte.

O proativo, por sua vez, possui uma linguagem afirmativa: "vou tentar", "vou melhorar", "vou controlar meus sentimentos", "vou ser mais eficiente", "vou encontrar a melhor solução", "eu escolho", "eu faço", "essa é a minha opinião", "posso vencer", "é trabalhoso, mas faço", "eu consigo realizar" etc. A pessoa proativa é autodeterminada, não espera acontecer, ela faz acontecer. Ela exerce o domínio sobre o seu poder de decisão, é consequente, decidida, persistente, eficiente e competente pessoal.

Perceba, então, o que mudaria, na prática, se você optasse por ser proativo. Por exemplo, enquanto no *script* "reativo" você age instantaneamente por meio de estímulos ou impulsos, no "modo proativo" a racionalidade será o elemento fundamental que norteará o seu agir. Se no "modo reativo" você atua, impulsivamente, dirigido pelo que lhe acontece, no proativo você age consciente e responsavelmente, exercitando seu poder de escolha, baseado em valores que elegeu para reger sua existência. Em sendo proativo é você quem confere, a si mesmo, a autonomia para decidir aquilo que melhor supre as suas necessidades ou aspirações, é você quem escolhe adotar as posturas que considera as melhores.

Há um ganho, em acertos, na prática da proatividade. Em termos existenciais, você define com maior pujança e compromisso os seus objetivos; determina, com racionalidade, suas metas, planeja e define estratégias para realizá-las; torna-se mais criativo, já que melhor utiliza suas capacidades de inteligência; busca soluções, analisa e antecipa-se às situações; não espera o "leite derramar" para, depois, minimizar seus efeitos, se antecipa e previne-se quanto aos acontecimentos, possíveis ou previsíveis; não responsabiliza os outros pelos seus reveses, assume e aprende com eles.

E o que é essencial na "conduta proativa" é que, em vez de depender apenas de estímulos — muitos exteriores —, ela fundamenta-se em valores que você, conscientemente, escolheu e interiorizou. Importante, também, observar que tanto o *script* da submissão quanto o da reatividade são responsáveis por grande parte do sofrimento, dos fracassos e das frustrações que as pessoas colhem na vida. Já ao desenvolver e aperfeiçoar a proatividade, as possibilidades de sucesso e realização são sempre crescentes e auspiciosas. Sabendo, de antemão, que muito do que acontece de negativo com você está relacionado com o modo como reage ou responde aos estímulos que recebe, não há como negar que a essência da proatividade está em você assumir e manifestar compromisso com o seu próprio bem-estar e sucesso. No plano de vida proativo, você dirige e protagoniza sua própria história.

Ao finalizar esta abordagem, que classifico como introdutória, sobre a importância da autoestima para erigir uma conduta proativa, convido-o a fazer uma breve reflexão sobre o princípio 10/90, sugerido por Stephen Covey[32], cujo enunciado é o seguinte: "apenas

---

[32] **Stephen Covey** (1932-2012), americano, emérito educador, conferencista motivacional, escritor. Autor do livro *Os sete hábitos de pessoas altamente eficazes*, entre outros. É o criador princípio 90/10 utilizado em abordagens motivacionais destinadas tanto para o desenvolvimento pessoal como empresarial.

10% da sua vida estão relacionados com o que se passa com você, os outros 90% estão relacionados com a forma como você reage ao que se passa com você". Em sendo assim, isso significa que na maior parte do tempo você vive no campo da reatividade pura e simples, cabendo-lhe aperfeiçoar o modo como responde aos acontecimentos. O que, em outras palavras, convida-o a ser proativo nas respostas a tudo que lhe acontece, ou seja, aos mais variados "estímulos" a que está sujeito em sua existência. Em minha vivência terapêutica, esse princípio não é novo, já que o utilizo há quase duas décadas em minhas abordagens, no que se refere à análise e redefinição de alguns modelos comportamentais, mormente como instrumento de edificação de um padrão de escolhas conscientes.

Capítulo IX

AUTOESTIMA E CIDADANIA[33]

A autoestima é fundamental
para o pleno e satisfatório exercício da cidadania.

(Willes)

Ao abordar esse tema em palestra, havia na plateia um número expressivo de professores e fui logo indagado sobre: "o que a autoestima tem a ver com a cidadania?" A princípio, devo confessar que estranhei tal pergunta, já que, dentro da minha própria vivência e observações, fui percebendo a importância da autoestima na luta pela conquista da cidadania. O fato de a autoestima ser, às vezes, um ente subjetivo, muito abordado em áreas como a psicologia, psicanálise, relações humanas e similares, creio que foi o que gerou tal pergunta. E com razão. Afinal, a noção que a maioria das pessoas tem da cidadania é que é uma "coisa" que só se refere a direitos e deveres, porquanto isso não tem a ver se você é mais ou menos feliz, se isso contribui para que você goste mais de si, se autovalorize ou não.

A autoestima é a noção de valor que você tem de si mesmo, isto é, ela é a medida do quanto "gosta e confia em si mesmo"; o conceito interior que você tem de si próprio. Quando a sua autoestima é baixa, isso significa que não se acredita competente, não atribui qualidades a si mesmo, sente-se inferior; os outros são sempre melhores, nada do que faz tem importância. Se, pelo contrário, sua autoestima é alta, positiva, isso significa que se autovaloriza, não se sente inferior a ninguém, quer o melhor para si e confia em sua competência pessoal.

---

[33] Este capítulo foi extraído e adaptado do meu primeiro livro, *Cidadania, o direito de ser feliz.*

O exercício da cidadania, dentro desse contexto, pressupõe, também, a conquista de uma autoestima qualificada, uma vez que, ao exercer a cidadania, você estará confrontando todas as situações que lhe foram impostas, como: a da inferioridade, da opressão, da manipulação, do medo, da submissão etc. Situações que o condicionaram à perda do amor-próprio e da noção de valor que tem de si mesmo como cidadão, além de submeter-se à usurpação dos seus legítimos direitos.

A busca da emancipação, o "andar com as próprias pernas", a construção histórica e objetiva de um novo modo de vida só será viável a partir da valorização da pessoa humana, e, nesse sentido, o exercício da cidadania funciona, também, como alimentador da autoestima, e vice-versa.

Se prestarmos atenção a muitas das mudanças ocorridas no mundo, nos últimos tempos, como, por exemplo, a queda do muro de Berlim, o fim do comunismo em diversos países, o fim do *apartheid* na África do Sul, as mudanças de paradigmas políticos na América Latina e Oriente Médio, veremos que a "autoestima" desses povos "falou" mais alto no momento de confrontar a opressão e as injustiças. Daí que é possível concluir, então, que a autoestima tem papel preponderante, não só na vida particular das pessoas, como também na trajetória dos povos. Uma democracia substantiva e plena só se realizará, se expressar no seu conteúdo a autoestima dos cidadãos que compõem uma determinada nação.

Atualmente, muito se tem apregoado sobre as qualidades da globalização econômica e da eficácia das leis que regem "o tal do mercado", mas uma análise mais acurada destes elementos nos revela, simplesmente, que esses meios nada mais são do que fortes componentes da "ditadura do capital" e da institucionalização de um "neocolonialismo". Em síntese, basta dizer que a dinâmica do desenvolvimento econômico, tal como sempre foi, permanece sem levar em consideração o desenvolvimento humano do indivíduo. Conclusão: se a globalização é tão salutar como dizem os seus fanáticos arautos, então, por que não globalizarmos, também, a cidadania, a autoestima, a dignidade e a solidariedade?

Outro aspecto inibidor da autoestima, ao qual não poderia deixar de me referir, mesmo que de forma não muito profunda, é, por exemplo, o da "sexualidade". Isso porque a compreensão da questão da sexualidade é fundamental para o entendimento da "relação de angústia e prazer" do ser humano.

> A repressão do movimento expansivo dos indivíduos em direção ao prazer via educação castradora, é o que os torna angustiados e impotentes, presas fáceis do autoritarismo e da opressão. A servidão voluntária decorre, muitas vezes, do bloqueio da energia necessária ao questionamento, à confrontação de uma ordem instituída e reconhecida como natural (Pedro Demo, revista Tempo Brasileiro n°100, Jan/março 1990, p. 53-72).

Sob a ótica da repressão da sexualidade é possível, também, entender o porquê de tanta exploração e opressão, ou o que faz com que os milhões de famintos e explorados não saqueiem e não se revoltem e que, muitas vezes, beijem as correntes que os mantêm aprisionados. Wilhelm Reich (1966, p. 25) já dizia, lá pelos idos de 1936, em seu livro *A revolução sexual*, que "as necessidades humanas são formadas, transformadas e especialmente subjugadas pela sociedade; assim se forma a estrutura psíquica do homem". O que significa dizer, de modo simples, que a chamada "classe dominante", por meio de "diversos mecanismos", direciona e manipula tudo, inclusive sentimentos e emoções.

Como bem exemplifica, também, Roberto Freire[34], em *Tesudos de todo mundo, uni-vos* (1995, p. 37),

> A pedagogia autoritária busca fundamentalmente, ao bloquear a liberdade de ser, de sentir e de fazer das crianças, focalizar a sexualidade e a sensualidade como pulsões negativas e perigosas. A afetividade é então desenvolvida com base no sacrifício, no dever e na obediência, ou seja, no aprendizado da frustração das necessidades básicas.

Praticamente está aí, nessa pedagogia castradora e autoritária, muito da explicação pela perda da autoestima e, consequentemente, da cidadania da maioria do povo. É lógico que não é só isso, existem

---

[34] **Roberto Freire** (1927-2008), médico psiquiatra e escritor brasileiro, foi criador do método terapêutico denominado "Somaterapia", terapia corporal baseada nas teorias psicanalíticas de Wilhelm Reich. Entre outras obras, é dele também o livro *Ame e dê vexame*.

outros fatores a serem considerados, mas, para início de reflexão, estes são dados de suma importância.

Tenho dito que homens e mulheres, ao se descobrirem, de modo objetivo, cidadãos e cidadãs, descobrem também o seu valor. E, a partir daí, "com uma visão positiva de si mesmos", não há como parar essa escalada, pois sabem que submeter a cidadania a outros significa estarem subjugados de corpo e alma à "condição de inferiores, de cidadãos de segunda ou terceira classe", sem amor-próprio. A condição psicológica de "ter ou não ter autoestima" é determinante para o exercício da cidadania e, quem sabe, para o encontro da felicidade, aqui entendida como um conjunto de estados de bem-estar.

Para ampliar um pouco mais a questão da autoestima e sua importância, tanto sob o prisma da individualidade, quanto no processo de crescimento coletivo, cito, mais uma vez, como exemplo, a situação vivida na trajetória a que já fiz referências neste livro — tempo em que vivi fugindo à marginalidade, caminho que me levaria, certamente, à delinquência e às suas resultantes.

Nesse ínterim não foram poucas as vezes em que ouvi, inclusive de familiares, que eu nunca seria alguém na vida, que eu ainda iria me tornar um ladrão, que tinha tudo para ser um bandido... Porém, nesses momentos — às vezes lacerantes —, dotado de algum saber, eu rebatia esses ditames com um pensamento até singelo de que "eu gostava muito de mim para deixar que algo ruim me acontecesse, ou que me entregasse a situações infames daquele modo".

Ao lembrar esses episódios, compreendo de onde eu tirava aquele "gostar de mim". Recordo que minha mãe adotiva, no período em que estive sob seus cuidados, costumava elogiar, repetidamente, minha inteligência, dizendo que eu tinha tudo para ser um grande homem, que, um dia, ainda eu ia ser um "doutor". E tenho plena certeza que foi daí que alimentei minha autoestima, o que, apesar dos altos e baixos de minha trajetória, me fez sobrevivente e instituiu-me cidadão, ao ponto de hoje poder contribuir para o resgate da autoestima de outras pessoas, sendo solidário e motivando-as a tornarem-se cidadãos e cidadãs comigo.

Capítulo X

VÍCIOS E AUTOESTIMA

Cada um de nós compõe a sua história
E cada ser em si
Carrega o dom de ser capaz
E ser feliz.

(Renato Teixeira/Almir Sater)

Presto serviço voluntário há mais de 11 anos numa comunidade terapêutica que trata de pessoas em estado de dependência de álcool e drogas. O meu trabalho motivacional é, essencialmente, voltado para o resgate da autoestima dos "recuperandos", agregado aos métodos do AA e do NA adotados pela instituição. Nesse período, já passaram pela instituição centenas de pessoas. Muitas delas têm conseguido, com muito afinco, "recuperar-se" e redefinir suas condutas para viver com maior consciência e "sobriedade". Portanto, baseado em minha experiência pessoal, nas vivências e no aprendizado sobre os motivos que levam as pessoas a esse tortuoso caminho da dependência — vereda pela qual, também já me perdi em determinada etapa da minha existência —, é que compartilho a reflexão deste capítulo.

Um quadro desolador

Antes de tudo, é necessário compreender que as pessoas não nascem, necessariamente, dependentes de álcool ou drogas. Embora saibamos que, no caso do álcool, principalmente, existam algumas pessoas com predisposições acentuadas ao vício, não se pode afirmar, categoricamente, que isso é totalmente determinante. O que tem conduzido mais e mais pessoas à dependência química são os desequilíbrios familiares e da sociedade, que, de modo geral, não lhes proporciona o conhecimento necessário para o enfrentamento da ansiedade, gerada pelos conflitos e frustrações vivenciais. Elementos estes que são gerados, principalmente, pelo ambiente social competitivo, materialista, individualista e exacerbadamente consumista dos tempos atuais, além da ausência de valores que referenciem o apreço pela vida.

Conclusivamente, podemos afirmar que a família e a sociedade contemporânea se encontram gravemente enfermas e um dos sintomas, mais visíveis, tem sido o aumento do consumo de "drogas de todos os gêneros". Há um fosso muito grande entre o que deveria ser uma vida saudável, embasada em condutas regidas por valores e princípios éticos ou humanistas e, até mesmo, espirituais, e aquilo que a cultura massificadora, por meio das diferentes mídias, tem *imposto* ou "sugerido" como sendo ideal. Algo puramente superficial que se alicerça no consumo, em grande escala, e na propagação do supérfluo, vulgar ou banal, o que tem robustecido, especialmente, a ignorância, o egoísmo e o analfabetismo existencial em suas múltiplas dimensões. Sendo inegável nossa evolução tecnológica, o mesmo não se pode afirmar quanto à evolução humana, propriamente dita.

Enfim, todos os elementos citados, somados a outros de igual teor e repercussão, são o que tem "transformado" a vida de um número crescente de pessoas num imenso vazio. Situação em que elas, carentes de autoestima e de referências afirmativas, que as auxiliem a dar sentido às suas vidas, enveredam pelos atalhos ilusórios que as drogas, lícitas ou ilícitas, lhes "oferecem", obtendo como resultado avassalador a perda progressiva da sanidade e o aprofundamento num viés autodestrutivo em que, por vezes, inconscientemente, embrenharam-se.

Diante desse doloroso quadro, algo que causa indignação são o cinismo e a hipocrisia que imperam em nossa sociedade, no que se refere às pessoas adictas. Há muita ignorância, preconceito e insensibilidade no tratamento do problema. A sociedade, em geral, "olha" para os adictos como se fossem peças defeituosas de uma "engrenagem" que devem ser descartadas, como se fossem os únicos responsáveis pela inaptidão vivencial. Quando, em verdade, eles são produto da miséria do próprio meio, que está a se deteriorar moral e humanamente. Em sendo assim, faz-se urgente uma tomada vigorosa de consciência coletiva sobre o problema, buscando reunir "instrumentos eficazes" para o enfrentamento das causas que estão alojadas, em grande parte, nos diversos setores que compõem e influenciam, estruturalmente, toda a nossa teia social.

Mais que um vício

No que se refere, objetivamente, ao tema proposto nesta breve reflexão, convém saber, por exemplo, que, quando a submissão, o medo, a anulação da vontade e a fuga do enfrentamento da realidade tornam-se padrão recorrente na existência do indivíduo, isso também pode ser considerado uma "espécie de vício". Comete-se um grande equívoco quando se define como vício somente aquele relacionado ao álcool, drogas ou outro elemento químico de qualquer natureza. Isto porque tudo aquilo que gera dependência é um vício. É o caso, por exemplo, dos viciados em computador, televisão (novelas), celular, videogame e outras tantas bugigangas tecnológicas, além das compulsões como trabalho, comida e sexo. Maus hábitos também são vícios.

A submissão sistemática a pessoas ou situações onde o indivíduo abdica de sua dignidade e nega seus valores, pode, muito bem, ser tratada como um vício. Pois reside aí, mesmo que de modo inconsciente, uma situação geradora de dependência. Existem, por exemplo, pessoas, e não são poucas, "viciadas em viver mal", que fazem de tudo para continuarem sempre as mesmas, que boicotam ou sabotam tudo o que venha representar alguma melhora em suas vidas. São viciadas em representar o papel psicológico de "coitadinhas", de vítimas.

Do mesmo modo, não podemos ignorar a existência de pessoas viciadas em relações insatisfatórias, que vivem entrando e saindo e, às vezes, permanecendo até morrer em relacionamentos conturbados, onde o amor se confunde com o ódio e o prazer com a dor. Indivíduos que não conseguem desenvolver o apreço por si mesmos nem acreditam poder vencer seus limites ou ambicionar algo melhor, que os realize, satisfatoriamente; que se contentam com qualquer companhia, abrindo mão da sua integridade e dignidade. Convém explicitar que, no quadro desses relacionamentos, mesmo que de maneira um pouco diferenciada, podemos incluir, também, sociedades e amizades que se sustentam por situações de dependência e codependência.

A recuperação como um processo de autoamor

Recentemente numa atividade motivacional na Comunidade Terapêutica de Recuperação Novo Caminho, em Varginha, onde presto ofício voluntário, quando cogitava sobre o que deveria referenciar profundamente um processo de recuperação ou de transformação existencial, veio à tona a seguinte reflexão:

Sabemos muito pouco sobre o amor. Não somos "ensinados, instruídos" ou estimulados a pensar sobre o amor, saber mais sobre o amor. Existem diversos estereótipos que nominamos como sendo amor. Novelas, filmes e peças teatrais, em suas mais diferentes abordagens, tentam traduzir, muitas vezes de forma equivocada, o que seria o amor. São inúmeras as associações feitas com o amor: sexo, posse, necessidade, romance, casamento etc. Até o sofrimento é associado ao amor. Porém, não possuímos uma definição exata do que seja, verdadeiramente, amor. E, em virtude desse desconhecimento, a maioria das pessoas vive "carente" de amor.

Ao longo do tempo, baseados, principalmente, no ensinamento cristão, fomos instruídos a "amar o próximo como a nós mesmos", mas pouco nos informaram sobre como amar a nós mesmos. Aliás, "amar a si mesmo" foi, durante muito tempo, condenado e equivocadamente interpretado como egoísmo, egocentrismo e outros adjetivos similares quando, em verdade, o autoamor é o cerne de todo aprendizado amoroso, inicialmente em relação a si mesmo e, consequentemente, em relação aos outros. O autoamor é algo tão profundo que poucos o conseguem atingir plenamente, pois requer, além do esmero em se autoconhecer e condutas contínuas de valorização de si mesmo, uma postura amorosa que contemple os seus iguais. O autoamor é elemento fundamental em nosso processo de autoaperfeiçoamento moral e afetivo, porquanto a qualidade do afeto que dedicamos ou dedicaremos aos outros, inevitavelmente, estará sempre ligada ao amor que dedicamos a nós mesmos.

Conhecemos muito do "amor condicional", aquele que é dado em troca de algo ou pelo reconhecimento de algum feito, mas ignoramos quase que totalmente o amor incondicional, cujo exemplo mais forte é aquele que pais e filhos saudáveis têm e trocam entre si. Ou o que chamo de "amor humanitário", aquele que alguns indivíduos dedicam aos seus semelhantes, pelo simples fato deles serem criaturas humanas iguais, e que se revela quando, de alguma maneira, compartilham solidariamente seu afeto.

Visto dessa maneira, chegamos à conclusão de que "amor é afeto". Toda demonstração afetiva contém o amor. Não há complexidade, quando você percebe o amor como afeto, não há como confundir algo que não é afetivo com amor. Embora alguns tentem adjetivar o amor, ele é inconfundivelmente substantivo, está circunscrito a uma polaridade única: é positivo, saudável, gera harmonia, sobriedade, crescimento, prazer, satisfação, alegria, estados de felicidade. Dito, assim, pode parecer demasiadamente simples, mas para que complicar o que só faz bem? A questão fundamental talvez seja entender que o que não representa afeto não é amor, pois, como descrevi no capítulo sobre a afetividade, não somos muito dados à afetividade; sabemos pouco e praticamos menos ainda.

Todo desejo de transformação, incluindo a recuperação — em face dos mais variados tipos de adição —, passa, necessariamente, pelo resgate do amor por si mesmo, pelo aprendizado e aperfeiçoamento do autoamor. Ninguém que adentra a algum tipo de vício, desconforto ou situações geradoras de desequilíbrio o faz por amor. Quando o faz, é porque está a vivenciar um estado de desamor, de desconforto vivencial, interior, profundo, não está em paz consigo mesmo. É possível que, mesmo inconscientemente, esteja "odiando" a si mesmo, a vida e o mundo.

A autodestruição, alimentada pelo vício, é resultante do desamor, da falta de afeto para consigo mesmo. A *recuperação*, por sua vez, é um *"processo amoroso"*, é a busca da *"identidade"* autoamorosa, perdida pelo indivíduo. Não é plenamente sustentável a recuperação do adicto, quando se cuida somente dos sintomas do seu vício. Por isso é necessário identificar as causas mais profundas que o levaram a perder-se de si mesmo e da sua essência amorosa. E, para o sucesso dessa tarefa, é imprescindível criar, através de uma abordagem cognitiva e transpessoal, as condições pedagógicas para que o adicto se reconheça como indivíduo capaz de superar-se e de aprender ou reaprender a amar a si mesmo. É trabalho árduo, que requer ânimo e persistência, mas, como bem disse o poeta Fernando Pessoa[35]: *"tudo vale a pena quando a alma não é pequena"*.

---

[35] Fernando Pessoa (1888-1935), poeta, filósofo e escritor português, considerado um dos maiores poetas da literatura universal.

Entradas e Saídas

Às vezes, o "aprendizado da dependência" principia, prematuramente, na infância ou adolescência de muitas pessoas. Tempo em que adultos superprotetores ou repressores, mal preparados para educá-las, por meio de mandatos, verbais ou não verbais, repressivos ou coercitivos, "instalam", no interior de suas "mentes", elementos bloqueadores impeditivos do desenvolvimento da racionalidade e do senso de autonomia. De outro modo, ainda há aquelas outras que trazem enraizadas dentro de si experiências dolorosas e impactantes não resolvidas, além daquelas que, em algum momento da vida, tiveram usurpado o direito de exercer autonomamente suas escolhas, seja em relação a estudo, profissão, amigos, parceiros amorosos etc.

Ainda podemos acrescentar sentimento de perda e frustrações como elementos facilitadores do desenvolvimento de dependência. Enfim, para melhor elucidar o que foi descrito até agora, pode-se afiançar que muitos dos vícios têm sua origem em predisposições psicológicas ou desequilíbrios emocionais que causam, de modo compulsivo, submissão a pessoas, a situações ou outros elementos artificiais ou ilusórios. Em síntese, estas são algumas das ruinosas interferências que vão formar, mais adiante, indivíduos sem autoestima, submissos, medrosos, confusos, inseguros e de personalidade oscilante, que vão entregar-se a situações autodestrutivas.

Repetindo: baseado em minha vivência pessoal e na experiência de mais de 11 anos de trabalho voluntário, na Comunidade Terapêutica já citada, é possível afirmar, categoricamente, que o processo de recuperação da dependência química é, na verdade, uma ação de resgate da vida. Em sendo assim, creio que, além dos "tratamentos" tradicionais, faz-se necessária a aplicação de uma abordagem terapêutica cognitiva mais profunda, para estimular, no dependente, a compreensão de sua própria existência e do significado profundo do que seja viver "sóbrio" e bem.

Olhar para o indivíduo infelicitado pela adição de forma "preconceituosa" ou paternalista, como se ele fosse apenas um coitado ou pobre doente a merecer ajuda, não o estimulará a vencer o desafio da recuperação. Pelo contrário, reafirmará sua condição de baixa autoestima e de incapacidade. Por isso, como psicoterapeuta e especialista comportamental, entendo como fundamental a reconstrução da autoestima no processo de recuperação, pois com base nesse novo aprendizado é que o indivíduo irá reconhecer o seu valor pessoal, assumindo a responsabilidade, por si mesmo, como sujeito da sua autotransformação.

Por fim, como acredito que não existam vícios que não possam ser superados, eis algumas sugestões para quem deseja recuperar o controle da sua vida e vivê-la com equilíbrio e sobriedade:

1. Invista em seu autoconhecimento para reconhecer suas profundas qualidades ou competências e, também, as dificuldades que terá que superar em seu processo de transformação existencial.

2. Faça contato e assuma a sua realidade, seja ela qual for. Você deve enfrentá-la a fim de transformá-la para melhor.

3. Assuma total responsabilidade pela sua vida. Seja o personagem principal dela.

4. Seja humilde para reconhecer quando necessita de ajuda.

5. Seja honesto consigo mesmo, o tempo todo.

6. Alimente sua autoestima com valores e condutas positivas, se autovalorize e fortaleça a confiança em si mesmo.

7. Aprimore a sua racionalidade e capacidade de decidir. Faça suas escolhas, cada vez mais livre das opiniões alheias.

8. Invista em padrões mentais e comportamentais positivos, crie novos e bons hábitos.

9. Permita-se dizer "não", quando necessário; seja afirmativo; preserve sua autonomia.

10. No âmbito da família, no trabalho e na convivência social, crie um clima de liberdade e respeito, seja autêntico e aceite que os outros também o sejam.

11. Aprenda a ser afetivo com você mesmo, ame-se! Compartilhe amor e afeto também.

12. Desenvolva seu bom humor e permita-se ser alegre.

13. Seja flexível com você e com os outros.

14. Aprimore a sua espiritualidade, porquanto ela poderá vir a ser a base do fortalecimento da sua capacidade de ser feliz.

A ordem das sugestões não precisa ser necessariamente essa. O conteúdo que referencia cada uma delas encontra-se no livro. Pratique-as de acordo com o seu livre-arbítrio, que é uma habilidade seletiva que merece atenção e aprimoramento, principalmente quando se trata de abandonar vícios, condutas ou hábitos inapropriados e autodestrutivos.

No mais, como propôs Gonzaguinha[36], na canção *Sementes do amanhã*: "Fé na vida, fé no homem, fé no que virá; *vamos lá fazer o que será...*".

---

[36] **Luiz Gonzaga do Nascimento Junior - Gonzaguinha (1945-1991)**, renomado compositor e cantor da Música Popular Brasileira.

Capítulo XI

AUTOESTIMA E ESPIRITUALIDADE

*A autoestima é elemento fundamental
quando se trata de definir o caminho
a ser trilhado para a evolução espiritual.*

(Willes)

Ao trazer para esta obra o componente da espiritualidade, integrado à autoestima, o fiz por reconhecer a importância da espiritualidade em minha trajetória vivencial, e por observar a sua relevância na existência de um número considerável de pessoas que conheci e conheço. E mais, por compreender que a autoestima é fator importante quando se trata de definir o caminho a ser trilhado para a evolução consciente, sobretudo no que tange aquilatar e expressar a espiritualidade.

A espiritualidade, tal qual entendo, não se confunde com religião. Mesmo porque religiões são muitas, enquanto a espiritualidade transcende a todas, no tempo e no espaço. A espiritualidade não é monopólio das religiões, visto que, historicamente, algumas foram criadas muito mais com o objetivo de dominar os instintos do homem, do que para elevá-lo a um estado espiritual superior. E, a meu ver, muitas ainda permanecem atreladas a características autoritárias, dogmas, rituais exteriores e enfoques imediatistas e materialistas; verdadeiros "atalhos" que as distanciam de suas referências puramente espirituais.

Algumas, inclusive, têm contribuído para perpetuar a baixa autoestima dos seus seguidores, porquanto, por conta de conceitos, às vezes, ambíguos ou infundados, os levam à crença de que não são capazes de desenvolver competências e habilidades suficientes, para libertarem-se dos grilhões da ignorância, que é o que, verdadeiramente, os remete ao sofrimento, ao desequilíbrio e ao sentimento de invalidez, perante os percalços que estão contidos na vida em movimento.

Por outro lado, existem religiões ou doutrinas que dão ênfase qualitativa e singular ao progresso espiritual do ser humano, propondo, para isso, a busca do autoconhecimento e do saber mais apurado das "Leis Universais", para o seu desenvolvimento moral. Isso com o intuito de nortear, racionalmente, ações e condutas em conformidade com uma ética espiritual, baseada em valores saudáveis e na prática solidária para com seus semelhantes, visando, também, despertar no homem a consciência de que possui recursos suficientes para tornar-se responsável pela superação das suas limitações, rumo ao seu próprio progresso.

Voltando ao assunto central desta abordagem, poderia alguém perguntar: "e o que tem a ver a autoestima com a espiritualidade?" Tudo! Partindo do pressuposto, já repetidamente citado, de que a autoestima está na base de todas as nossas escolhas, não há como olvidar que nesse rol inclua-se, também, o tema da espiritualidade. Portanto, cada um em sua individualidade, partindo do modo singular como observa, interpreta e sente a si mesmo e o universo, é quem escolhe em que alicerçar a sua fé.

Neste conturbado princípio do terceiro milênio, apesar da desespiritualização reinante, felizmente muitas pessoas têm despertado para a necessidade de uma existência que vá além dos ditames materialistas. Então, se você é um daqueles que descobriram ou redescobriram que a vida traz, em si, um aspecto espiritual de magna importância, é bom saber que não está sozinho nessa edificante marcha. Entretanto, cabe observar que, nessa procura, existem saberes a serem considerados, os quais, na visão de Luís Pellegrini[37], são os seguintes:

a) Cada um de nós tem uma consciência espiritual, mais ou menos ativada.

b) O sentido da vida é desenvolver e amplificar, ao máximo, todas as nossas potencialidades a partir da consciência espiritual.

---

[37] Luís Pellegrini, jornalista, escritor, tradutor, autor dos livros *Os pés alados de Mercúrio* e *A árvore do tempo*, ambos da Axis Mundi Editora, e *Madame Blavatsky*, da Editora T. A. Queiroz. Foi diretor da Revista *Planeta*.

c) não existe começo nem fim na busca espiritual. "Só existe o movimento da busca". Algo como o que escreveu o poeta espanhol Antônio Machado[38]: "Caminhante, não há caminho. Se faz o caminho ao caminhar", ou assemelhado ao "eterno vir a ser", do filósofo Heráclito[39] de Éfeso, "está sempre em construção".

Às vezes, pode nos parecer difícil e intransponível vencer o apego a valores mundanos e materiais, e a tudo o que eles suscitam, mas é preciso estar convicto de que, fora da espiritualidade, não há como transcender os limites que o "mundo" nos impõe. Dentre os que sofrem de diferentes formas de mal-estar, sejam eles físicos ou emocionais, muitos dizem sentir um imenso vazio existencial, o que é fruto, muitas vezes, da própria incompreensão que têm deles próprios. Ignoram o que querem e não possuem nitidez do que sentem. Existem, também, aqueles que sofrem por não se sentirem aptos para a convivência ou por reprimirem sentimentos e emoções. De modo geral, a maioria que assim procede sente-se "incapaz" de receber e exteriorizar sentimentos como afeto, compaixão, solidariedade e fraternidade, próprios de uma vida espiritualizada.

O caminho da evolução espiritual é, em verdade, o retorno à nossa essência, o *"volver"* ao que sempre *"fomos"*; o resgate da nossa identificação com o sagrado, latente em nós; o reconhecimento e a aceitação do princípio espiritual, como fonte inesgotável de vida, amor e benevolência. Contudo, importa saber que essa aceitação não é meramente contemplativa ou emocional, ela só se faz sentir, quando vivemos de acordo com princípios morais e humanitários elevados, acima da contaminação da arrogância e do egoísmo, por exemplo. E ela se aprofunda quando compreendemos que o aprendizado espiritual é infinito e é realizado com perseverança e humildade; quando confrontamos a realidade ao invés de fugirmos dela, quando nos desapegamos de poderes ou prazeres efêmeros, quando transformamos nossa vida num modo de ser construtivo e virtuoso, praticando sempre o bem. Um "bem" que, conectado à nossa consciência interior, nos favoreça a compreensão do que

---

[38] Antônio Machado (1875-1939), poeta espanhol, pertencente ao modernismo.

[39] Heráclito de Éfeso, filósofo grego, viveu aproximadamente entre 535 e 475 a.C., pertenceu à chamada "escola pré-socrática", e é considerado o "pai" da dialética. Para ele, tudo é como se fosse um grande fluxo perene, no qual nada permanece a mesma coisa, pois tudo se transforma e está em contínua mutação; tudo é um eterno vir a ser.

somos, genuinamente, e do que podemos fazer de melhor. Algo como aprender a amar a nós mesmos, para podermos amar e aceitar as diferenças do nosso semelhante.

Se você ponderar sobre a espiritualidade, verá que a autoestima elevada é necessária para dar maior significado a ela. Compreenderá, também, que o espiritual acontece de dentro para fora, norteando a sua conduta para executar ações benéficas a si mesmo e, por extensão, àqueles que estão a sua volta. Não há separação entre o espiritual e as demais dimensões da sua existência, tudo se conecta com o todo; a sua vida é uma "teia" e o espiritual acontece nela, quer você tenha consciência ou não. A autoestima, então, é o seu instrumento para qualificar a sua espiritualidade. Não uma espiritualidade egocêntrica, mas uma espiritualidade que compreenda o todo universal: você, o outro e o meio ambiente em que vive.

Capítulo XII

TERAPIA DO RENASCIMENTO

*O verdadeiro conhecimento
só pode ser adquirido
através da experiência vivida.*

(Dominique Levandoux)

Este capítulo é apenas uma descrição, sintética, do método com o qual trabalho, onde se inclui, entre outras práticas, o "Renascimento". A denominação "Terapia do Renascimento" foi dada por mim, desde 1996, quando me iniciei nessa "técnica" denominada por Leonard Orr, seu precursor no Ocidente, como "Renascimento". A prática, em si, também é conhecida por outras designações, diferenciando-se muitas vezes pelo sentido que esta ou aquela "escola" dá a ela. Algumas, inclusive, costumam acrescentar elementos místicos em sua prática. Eis alguns nomes: terapia da respiração; respiração consciente, respiração holotrópica, respiração circular etc. O Renascimento pode ser aplicado na água ou a "seco" e é uma prática que considero, levemente, regressiva.

O Método

A "Terapia do Renascimento" tal qual a denomino é, em sua totalidade, um *processo terapêutico cognitivo intenso*, que objetiva, com a adoção da "respiração consciente", estimular a liberação emocional como meio de aclarar a compreensão das predisposições de traumas, bloqueios, carência afetiva, ansiedades, medos, fobias, depressão etc. É muito mais do que uma simples técnica terapêutica, por isso a denominação "processo", que, aplicado sob uma visão holística, facilita e estimula o desenvolvimento de uma vida integral equilibrada e saudável.

O método contém, além do Renascimento, uma abordagem analítica e cognitiva. Vale-se de algumas "ferramentas" da Análise Transacional, da Gestalt Terapia[40], da Logoterapia[41], de enfoques da psicologia transpessoal e humanista, e da Programação Neurolinguística, que é aplicada de forma simplificada com o intuito "reeducativo", visando motivar novas condutas. De modo mais claro e simples, a finalidade é que a pessoa, em terapia, obtenha a compreensão das suas múltiplas vivências do passado longínquo (gestação, nascimento e criação), do passado recente e, também, da situação em que vive no aqui e agora. Isso para que, num espaço de tempo relativamente breve, ela consiga, gradativamente, "desintegrar" seu *script* ou "roteiro" vivencial, de onde se originam seus desconfortos. Dessa forma, partindo dessa "desconstrução psicoemocional", ela passa a edificar, conscientemente, um novo plano para a sua vida.

Desde que me "iniciei" como terapeuta, o método, brevemente descrito, vem sendo aprimorado, e posso atestar com júbilo que, graças a essa união de elementos cognitivos e da adoção de abordagens transpessoais e práticas corporais, um número considerável de clientes pode erigir, com sucesso, a sua transformação existencial. O tratamento de fobias, ansiedade, depressão e outros desconfortos menores foi e é possível restaurando o equilíbrio emocional por meio desse procedimento que tem o Renascimento como um diferencial terapêutico. Não se trata de algo "místico", mas de um processo profundo, que exige muito trabalho e tenacidade daqueles que anseiam por elevar sua vida a um patamar de maior equilíbrio físico, emocional e espiritual.

Nesse tempo de terapeuta, também, cheguei a algumas conclusões sob o processo psicoterapêutico, a relação com o cliente e o momento histórico em que vivemos. Algumas poderiam ser consideradas óbvias, como a desinformação das pessoas sobre a terapia

---

[40] A **Gestalt Terapia** foi criada por **Friedrich Salomão Perls** (1893-1970), também conhecido como **Fritz Perls**, juntamente com sua esposa, **Laura Perls**, tendo por objetivo, em síntese, levar as pessoas a restaurarem o contato consigo, com os outros e com o mundo. É uma abordagem humanista voltada para a autorrealização humana.

[41] A **Logoterapia** foi criada pelo psiquiatra austríaco **Viktor Emil Frankl** (1905-1997), conhecido mundialmente pelo seu livro *Em busca de sentido: um psicólogo no campo de concentração*, no qual expõe suas experiências nas prisões nazistas e lança as bases da sua teoria. Alguns dos aforismos que referenciam a prática da Logoterapia: "Não é o que a vida pode lhe proporcionar, mas o que você pode fazer pela vida"; "O homem pode suportar tudo, menos a falta de sentido".

e sua finalidade, porquanto, às vezes, falta clareza sobre o papel do psicólogo, do psicanalista, do psicoterapeuta, do médico psiquiatra e do neurologista. Parece-me que há um grande desinteresse em informar, adequadamente, o que cada um faz, talvez até pela disputa mercantilista que grassa nessa área. Por exemplo: poucos são os médicos psiquiatras, ou neurologistas, que têm a consciência profissional de encaminhar os pacientes para um terapeuta — quando isso se faz necessário —, prejudicando aquele que busca apenas a solução para seus transtornos ou desconfortos, puramente, emocionais. Os meios de comunicação também não ajudam nesse esclarecimento, já que, muitas vezes, privilegiam os médicos, quando o assunto é comportamental. Parece-me existir uma necessidade em transformar tudo em doença, cuja solução seja medicamentosa, ao que médicos, planos de saúde e laboratórios, penhoradamente, agradecem.

Outra questão está incluída na relação terapeuta e paciente. É aquela onde o primeiro, muitas vezes, se coloca numa posição de prepotência ou arrogância, como fosse o sabe-tudo; aquele que vai dar a solução para todos os problemas, que possui a fórmula mágica para tal. A subjetividade exacerbada de algumas propostas terapêuticas beira o ilusionismo, ensejando que, além da formação profissional, seja necessária a vivência do que se está a proclamar como ferramenta terapêutica, além da constante atualização do conhecimento. Cada vez mais é imperioso que os psicodiagnósticos e os prognósticos sejam claros e objetivos. Cada paciente é único e não existe receita terapêutica que se encaixe, genericamente, em todos os perfis. Mesmo que muitas ocorrências possuam nuanças parecidas, é necessário procurar a singularidade de cada caso. Sintomas podem ser semelhantes, causas não. A questão do tempo de terapia também é um elemento que merece, sempre, ser objeto de análise. Desde Freud, os tempos mudaram. Hoje, já não há como prolongar indefinidamente uma terapia, seja ela analítica ou não. Em terapia, quanto mais objetivo e breve, melhor. Essa é a realidade!

Falando um pouco mais do método por mim adotado em terapia, nele existem alguns princípios que considero elementares. A relação entre terapeuta e cliente[42] deve ser vista como "uma espécie

---

[42] Adoto a palavra "cliente" por entender que o termo "paciente" possui conotações muito próximas da submissão, da passividade.

de parceria", onde ambos são responsáveis pelo processo terapêutico, cabendo a cada um cumprir com o papel que lhe cabe, nele. O terapeuta não é o "dono da verdade", talvez possua informações e conhecimentos que o cliente não detenha, mas isso não o torna superior.

Outro princípio é o da "transferência de conhecimento". Aliás, não acredito em mudança sem ele. O conhecimento é o pilar, fundamental, de todo processo de transformação existencial que se quer duradouro. Daí que recomendo leituras a meus clientes para que eles ampliem seus horizontes e criem um cabedal, mesmo que mínimo, de elementos para conhecerem a si mesmos e formarem uma consciência ativa daquilo que pode e deve ser mudado em seus hábitos e condutas.

O "foco" também é um componente importante no processo terapêutico, pois entendo ser muito relevante dentro de um procedimento de transformação estabelecer prioridades e setores em que se vai "trabalhar", além de estabelecer metas a serem atingidas. Isso porque julgo inadequado e temerário criar a ilusão de que tudo pode ser resolvido de uma só vez. Daí que decomponho a ação terapêutica por setores, como: pessoal, familiar, relacionamentos, social, trabalho etc.

Conhecendo o Renascimento

Conheci o Renascimento, na prática, "submetendo-me" à experiência. Em novembro, de 1991, fui convidado pelo psicoterapeuta Mamede de Alcântara, que havia trabalhado comigo no Banco do Brasil, em Varginha (MG), para um *workshop* motivacional, que aconteceu num final de semana, na Fazenda Pedra Negra, próximo da cidade de Três Pontas, no sul de Minas. Fomos eu e a minha esposa, à época, que fazia terapia com ele. No sábado, após o intervalo do almoço, ele me comunicou que a tarde seria dedicada às pessoas que iriam fazer o "Renascimento" e que, para mim, seria opcional fazer ou não. Perguntei-lhe sobre do que se tratava e ele disse, apenas, que era um "exercício de respiração mais profundo", visando "diluir" o ego, para dar lugar à construção de um "eu" mais consciente e livre. Confesso que, num primeiro momento, não entendi muito da sua explicação, mas, quando me perguntou se eu "toparia" experimentar, respondi sem muito pensar: "topo".

Assim, seguindo suas instruções, me deitei num colchonete de "barriga para cima", dobrei levemente as pernas, respirei, a princípio normalmente, "relaxei" e passei a respirar pela boca... Na medida em que fui respirando com mais intensidade, comecei a sentir algumas sensações físicas, como alteração da temperatura corporal, tremores e uma espécie de formigamento na testa, depois no rosto, nos braços, nada que me fizesse parar de respirar. Depois de um tempo, minha respiração encontrou, naturalmente, um ritmo mais acelerado e eu sentia que, cada vez mais, ela se aprofundava. Minha percepção foi ficando mais aguçada e pareceu-me ir adentrando uma dimensão mais etérea e luminosa, dentro de mim. Só conseguia perceber minha respiração, dando direção a essa espécie de viagem interior. Percebi que eu e a respiração éramos um só, uma unidade transcendente, não havia controle, só entrega total.

As sensações eram inúmeras: senti como se meu rosto fosse mudando, minha boca "entortando", braços e mãos também, parecia que eu estava encolhendo e voltando à forma fetal... Minha percepção ficou muito aguçada, senti como se tivesse entrado num "túnel do tempo", sentia alguns incômodos corporais, mas "algo" me dizia que devia seguir em frente, respirar era a solução. O terapeuta me estimulava: "continue respirando", "respira e sente". E segui respirando e sentindo sensações das mais variadas, ora dava algum medo, mas logo ele ia embora, se extinguia. Muitas imagens de pessoas me vinham à mente, mas as mais nítidas sempre eram de bebês e crianças um pouco mais crescidas. Cheguei até a vislumbrar minha própria imagem, quando bebê, no colo da minha mãe adotiva... E continuei respirando e viajando naquele "mar" de imagens, até que senti uma espécie de estalo dentro de mim e voltei à realidade, ainda respirando mais suave... O terapeuta disse: "pronto, você acaba de renascer, relaxe...".

Postei-me na posição fetal e uma sensação de muita alegria me dominou por completo. Eu sorria, mas aquele sorriso vinha dum ponto muito profundo do meu ser, eu sentia como se uma leveza, nunca antes experimentada, tivesse tomado conta de mim. Como o local onde estávamos era numa fazenda, eu conseguia ouvir os trinados melodiosos de inúmeros pássaros, que nunca ouvira antes. Senti como se fosse um bebê, recém-nascido, só que consciente.

Experimentei uma atmosfera muito amorosa ao meu redor. E o mais significativo foi que senti um imenso amor por mim mesmo, por aquela criança, que naquele momento, despertara em mim. Deitado, comecei a passar a mão nos meus cabelos como que acariciando a mim mesmo. Sentia os cachos do meu cabelo, sedosos macios, a pele do meu rosto... Murmurava, ainda com a boca um pouco entorpecida, primeiro uma canção que mais parecia uma canção de ninar, um som suave que me embalava; às vezes, murmurava com a voz afetuosa "o neném é bonito... o neném é bonito... o cabelo do neném é bonito...". Embora houvesse outras pessoas no local, parecia que eu estava ali sozinho, me sentindo livre, totalmente livre, livre para cantar, para me dar afeto, amor, sentia-me leve, solto, feliz como uma criança saudável.

O procedimento deve ter levado mais de uma hora e meia, mas não senti o tempo passar. Aliás, o tempo era o que menos interessava naquele momento, pois fiquei ali, sem pressa, "curtindo" todas aquelas sensações leves e prazerosas, que nunca experimentara antes. Em seguida, fui voltando ao "normal", mas a sensação de leveza permaneceu comigo. O terapeuta perguntou-me como eu estava me sentindo, eu respondi que me sentia livre, renovado, em paz. As pessoas que participavam daquele processo, cada uma a seu modo, também estavam diferentes. Senti uma vontade imensa de abraçar a todas elas e assim o fiz. Quando digo que me sentia livre, foi porque me pareceu que algo em mim havia se rompido, a angústia que pesava em mim parecia ter desaparecido. Compreendi que eu devia continuar renascendo, que era chegada a hora de mudar a minha vida. E, logo no primeiro intervalo, após o Renascimento, procurei o terapeuta e marquei a minha primeira sessão de terapia para a segunda-feira seguinte. Eu tinha pressa em mudar, em resgatar e cuidar da criança triste e amargurada dentro de mim.

Depois, durante os dois anos de terapia, fiz outros tantos Renascimentos. Cada Renascimento é único, nunca se repete a mesma experiência e cada pessoa o sente de modo singular. Em alguns, você pode sentir-se mais disposto à alegria, outros você pode "explodir" em emoções, chorar, gritar, enfim, colocar para fora os sentimentos reprimidos. Em um Renascimento — também muito marcante para mim —, chorei feito um bebê, durante muito tempo. Depois, tive o *insight*, a forte intuição de que se fazia urgente perdoar e reconciliar-me com minha "mãe biológica", que, além de me abandonar com 1 ano e meio de idade, durante certo tempo da minha vida, causou-me diversos problemas emocionais, que só a partir dessa "reparentalização" consegui superar. Após outro Renascimento, aprendi a dizer não, já que antes eu tinha dificuldade em desagradar a alguém e me martirizava por isso. Abandonei, de vez, diversas posturas negativas, inclusive a de sentir-me como vítima e sofredor. A minha comunicação ficou mais clara, após vários renascimentos. Superei muitos medos e uma ansiedade doentia, que carregava há muito tempo.

Durante a minha formação como Terapeuta Renascedor, feita sob a direção do profissional que fora meu terapeuta, fiz muitos outros Renascimentos e acompanhei outros tantos dos participantes da equipe em formação. As experiências são tantas que, se fosse aqui relatá-las, formariam um livro à parte. Na minha vivência enquanto terapeuta foram inumeráveis os Renascimentos já "aplicados", cada um com suas particularidades. Ele promove aquilo que podemos chamar de expansão da consciência do indivíduo e cada vez pode ser focado em algo que a pessoa tenha a resolver. As possibilidades do Renascimento são inúmeras, algumas mais profundas, voltadas para vencer resistências psicológicas e situações assemelhadas, outras apenas para restabelecer o equilíbrio emocional.

Enfim, o que posso atestar é que, partindo da minha própria experiência, e dos clientes nesses mais de 17 anos de trabalho, o Renascimento, se aplicado por profissional qualificado e consciente, é uma ferramenta de inestimável eficácia quando se trata de propor a alguém uma transformação existencial duradoura e continuada.

Outras considerações sobre o Renascimento

São inúmeros os estudiosos e profissionais renomados da área comportamental que tiveram contato e experiências com o Renascimento. A seguir, compartilho algumas das suas observações e opiniões.

José Ângelo Gaiarsa, brasileiro, psiquiatra, em seu livro *Respiração, angústia e Renascimento*, Editora Cone, 1994 diz o seguinte:

> "[...] é até hoje o melhor método para se conseguir liberações emocionais e desbloqueios da personalidade. O renascimento produz efeitos de ótima qualidade, como o perdão por tudo o que possa ter acontecido no passado, gratidão pelo presente, aumento na autoestima e certa espiritualização que ocorre espontaneamente se a pessoa repetir muitas vezes o processo" (1994, p. 300, 359 e 361). "Todos nós temos noções bem limitadas de nós mesmos; no renascimento nos percebemos mais inteiros, mais completos. E como o que reprimimos é a alegria, a felicidade e o prazer, são estes que comparecem quando nos é dado reexperimentar sensações como crianças saudáveis".

Mamede de Alcântara, brasileiro, psicoterapeuta, em seu livro *Renascer, um processo de amor*, afirma:

> "Através do Renascimento, revivemos e participamos de nossas decepções e sofrimentos primordiais, causadores do chamado trauma do nascimento e gestação. Revivenciando o passado de forma reparadora, podemos reconstruir o presente, dando a ele uma configuração nova e prazerosa" (1993, p. 22).

Sondra Ray, americana, coautora, com Leonard Orr, do livro *Renascimento na Nova Era*, o descreve assim:

> "O propósito do renascimento é recordar e voltar a experimentar o nascimento. Esta experiência provoca uma transformação da impressão do nascimento no subconsciente desde a da dor primal até a do prazer. Os efeitos na vida são imediatos: enquanto se começa a dissolver os padrões de energia negativa mantidos no corpo e na mente, o rejuvenescimento sobrepõe-se ao envelhecimento e a vida se torna mais divertida (1983, p. 116)."

Fredric Lehrman, escritor e conferencista americano e estudioso de técnicas de evolução consciente e bioenergética:

> "O Renascimento não está em oposição a outras técnicas ou práticas que apoiem a vida. O Renascimento é, simplesmente, isto: a forma mais completa e natural de deixar partir crenças antigas do subconsciente e de integrar segurança, confiança e prazer ao teu corpo e mente."

Bob Mandel, americano, consultor, escritor e conferencista:

"O Renascimento é uma cura suave, uma profunda técnica de crescimento pessoal. Utilizando o poder da respiração, você acessa memórias antigas, condicionamento e impressões, buscando resolver e integrá-los ao mesmo tempo em que canaliza energia positiva para uma nova maneira de viver. O Renascimento ajuda a rejuvenescer sua mente, corpo e espírito. Abre o seu coração para vivenciar mais amor em seus relacionamentos e fazer mudanças importantes em sua vida." Fonte, site do autor: https://www.bobmandel.com/rebirthing.

Phil Laut, americano, psicólogo, escritor e consultor organizacional, quando da escrita da escrita do livro em parceria com Jim Leonard, não publicado no Brasil, Renscimento a ciência de aproveitar toda a sua vida, no ano de 1983, declarou quando do lançamento do livro:

"Se alguém me houvesse perguntado, antes de ter renascido pela primeira vez, se me sentia seguro em minha vida, diria que sim. Porém, depois do meu primeiro renascimento, comecei a fazer coisas, rotineiramente, que antes pensava que eram impossíveis e estranhas — ser rápido, permanecer desperto durante longos períodos, falar diante de grupos, ter relações satisfatórias com quase todo o mundo, desfrutar do trabalho por mim mesmo — e pela primeira vez me dei conta de que realmente me sentia seguro. Minha mente e meu corpo estavam cheios de um sentido penetrante de segurança e liberdade, que não me abandonam mais desde então. A mente tem um forte desejo de estar em calma, em paz, aberta e livre de pensamentos preocupantes e destrutivos. Às vezes este desejo é frustrante. Quando és renascido, tua mente respira livremente um suspiro de alívio. Pensamentos, memórias, sentimentos e medos que tinhas reprimidos durante anos aparecerão e, através do Renascimento, descobrirás a forma de deixá-los ir com somente umas quantas respirações. Numa sessão de Renascimento, quando começas a respirar e a relaxar, experimentas, fluindo em ti, a energia que criou teu corpo no princípio de tudo."

Stanislav Grof, psiquiatra tcheco, estudioso e escritor comportamental, um dos precursores da psicologia transpessoal e desenvolvedor da técnica terapêutica denominada Respiração Holotrópica:

"Tem sido possível confirmar repetidamente a observação de Wilhelm Reich de que as resistências e defesas psicológicas usam os mecanismos de restringir a respiração. A respiração ocupa uma posição especial entre as funções psicológicas do corpo. É uma função autônoma, mas também pode ser facilmente influenciada pela vontade. Aumente a quantidade e profundidade da respiração, especialmente se libertando das defesas psicológicas, e se conduza à libertação e à saída da inconsciência." (Além do cérebro, 1988, p. 124).

Dominique Levandoux, psicoterapeuta francesa:

"O que o renascimento me ensinou é que a vida é ritmo, é movimento, é transformação; resistir à sua evolução significa uma fonte de tensões e sofrimentos. Nós somos levados por ela, queiramos ou não. Se nos retesamos, ela nos quebra, se aceitamos suas transformações, ela sempre nos abre novos horizontes."

Epílogo

A ESSENCIALIDADE DA AUTOESTIMA

*Nós, para os outros,
apenas criamos pontos de partida.*

(Simone de Beauvoir)

Ao finalizar esta obra, creio ser fundamental esclarecer que a autoestima, se não é a solução de todos os problemas existenciais do ser humano, é a base e o centro para o seu desenvolvimento e para a obtenção de qualidade de vida em seus mais diversos aspectos. É ela que permite ao indivíduo o equilíbrio funcional consigo mesmo e nos demais contextos em que interage, como na família, nos relacionamentos, no trabalho, na sociedade em geral e, inclusive, no que concerne à espiritualidade.

Desde a Grécia antiga, já se cogitava sobre a autoestima, onde era instruído que o maior objetivo do homem era conquistar a *oikeiosis*, que era definida como amor por si mesmo, autoaprovação e satisfação de si próprio. A autoestima inclui, ainda, conhecer, compreender, controlar, transformar, decidir e escolher por si mesmo, manter o equilíbrio entre o self interior e o exterior existencial. É elemento essencial para que o indivíduo alcance a plenitude de sua saúde emocional e física, de produtividade e criatividade, além de estimulá-lo a decidir, conscientemente, sobre a plena expressão de si mesmo.

Analisando a atual conjuntura existencial, não há como negar que a maioria de nós é carente de autoestima e de tudo quanto ela possa representar. Não há uma pessoa que possa se declarar com excesso de autoestima, até porque isso não existe. Aliás, se alguém, equivocadamente, pensar possuir autoestima demais, pode ter a certeza de que essa prepotente ou arrogante declaração já é uma mostra significativa de falta de autoestima. Pessoas com elevada autoestima possuem o traço da humildade e disposição para solidariedade e o compartilhamento afetivo com os demais.

Enfim, não foi, e nem é, a pretensão deste livro esgotar o assunto autoestima. Em verdade, o que me moveu o tempo todo, que durou a construção desta escrita, foi o propósito de convidar a todos para uma profunda reflexão existencial; para uma reciclagem vivencial com vistas à "construção" de uma vida sustentável, afetiva e emocionalmente, tendo como pilar essencial a autoestima.

Se apreciar esta obra e senti-la útil, compartilhe-a com familiares, amigos e companheiros de sua jornada existencial. A autoestima é direito de todos!

No mais, fico à disposição dos leitores para sugestões, elogios, críticas e esclarecimentos. O que poderá ser feito pelo e-mail willesterapeuta@bol.com.br ou pelo site www.viverconsciente.com.br.

UMA HISTÓRIA PARA NÃO ESQUECER[43]

*Encanto é o que alguns têm
até que começam a acreditar
que, de fato, o têm.*

(Simone de Beauvoir)

Vivia-se no melhor dos mundos naquela vila de tartarugas. Até que, numa bela manhã, Daniline, uma tartaruga graciosa, aventureira e curiosa, ignorando as recomendações das tartarugas mais velhas, que lhe diziam que era muito perigoso andar sozinha "num lugar daqueles", resolveu dar um passeio pela mata.

Caminhando entre árvores e arbustos, ouvindo o canto dos pássaros e admirando as belas borboletas que por ali voavam, Daniline foi em frente, até chegar à margem de um riacho de água cristalina, que descia manso, sobre as pedras que luziam, sob os raios do sol. Refrescou-se na água límpida, alimentou-se e, depois de um bom tempo, resolveu voltar para a cidade. Vinha pelo caminho contente, procurando resposta para o fato de que lhe haviam dito que a mata era perigosa, afinal, só vira coisas maravilhosas naquele dia.

— O que será que as outras tartarugas tanto temiam? — perguntava-se um tanto intrigada.

E, assim, caminhava a feliz tartaruga, que, de tão contente e absorvida pelos seus pensamentos, não percebeu um tronco de árvore caído no caminho em que tropeçou e caiu, batendo seu casco contra ele. Ainda meio tonta pelo baque do tombo, se reergueu e foi, aí, que percebeu que seu casco havia partido e dele aflorara algo que não soube identificar. Reiniciou o trajeto de volta, sentindo um leve mal-estar, que aos poucos foi passando, mas, tão logo começou a se

---

[43] Esta fábula foi escrita inspirada no conto "O mesmo que viverás", de Mirtes F. Oliveira, publicado no livro *Marciano x Bruxas — análise transacional dos contos infantis*, organizado por Roberto T. Shinyashiki e Marco Antônio G. de Oliveira. Editora Nobel, 1985.

aproximar da cidade, começou a preocupar-se com a rachadura do seu casco: logo ela, tão vaidosa, agora ia ter que aturar a zombaria das outras tartarugas.

Pensando em não ser vista com o seu casco partido, esperou até o anoitecer para entrar na vila. Enquanto isso refletia sobre o acontecido: "será que o meu acidente foi castigo por não ter ouvido o conselho das tartarugas mais velhas? Deixa pra lá, afinal o passeio foi muito bom, e sentimento de culpa não cabe agora", concluiu. Quando chegou ao abrigo onde morava, suspirou aliviada por não ter encontrado ninguém para indagar-lhe sobre o acontecido.

— Amanhã será um novo dia — disse para si mesma, sabendo que teria que tratar do seu casco no dia seguinte.

Ao acordar, pela manhã, sentiu que a "coisa" que saía do seu casco tinha aumentado, mas, como não podia ver, nem se incomodou. Só estava preocupada com o que falariam dela. Saiu do seu refúgio disposta a passar despercebida, entre as suas iguais, mas isso não funcionou. Logo vieram ter com ela algumas amigas que, em vez de zombar, apenas olhavam-na com alguma admiração e surpresa.

— O que foi? Nunca viram uma tartaruga com o casco partido? — perguntou sem ouvir resposta. Parecia que nunca tinham visto algo como o que acontecia com ela.

Disposta a consertar o seu casco, Daniline saiu em busca de alguém que a ajudasse, soubera por uma amiga que, lá na mata, tinha um velho e sábio duende, conhecido como Willy, que cuidava da saúde dos bichos da floresta e consertava cascos partidos. Esgueirando-se por caminhos pouco usais, para não encontrar ninguém que comentasse mais alguma coisa sobre seu casco, Daniline seguiu até a grande cabana do duende Willy, que ficava no alto da floresta, perto da nascente do riacho, onde estivera passeando.

Chegando lá, foi entrando na cabana que não tinha porta. Willy, que estava a fazer um curativo num pequeno esquilo, levantou os olhos ao ouvir o ruído do caminhar da tartaruga e sorriu dizendo-lhe:

— Fique tranquila que já lhe dou atenção, Daniline.

Surpresa ao ouvi-lo falar seu nome, sentiu como se já fosse esperada. Observou que o duende Willy nem era assim tão velho como lhe disseram. Jovial, tinha um ar tranquilo, uma voz forte, mas agradável. Na cabana, respirava-se um perfume suave de alecrim. Ela, que não estava achando nada engraçado, desde o seu acidente com o casco, retribuiu-lhe o sorriso.

Depois de dispensar o esquilo, que saiu saltitante, Willy dirigiu-se à tartaruga:

— O que a trouxe até aqui, Daniline?

Ela, sentindo certa familiaridade no tratamento que lhe era dado, respondeu:

— Parece-me que o senhor já sabe do que se trata, pois já sabe até o meu nome!

Sorrindo, ele respondeu-lhe:

— Na verdade, já ouvi falar de você. Contaram-me da sua curiosidade e da inquietude em conhecer a vida da floresta e, por último, falaram do seu acidente. Fico sabendo quase tudo o que acontece aqui na região. Mas diga-me, o que deseja de mim?

Daniline, então, lhe contou sobre o acontecido e pediu-lhe que consertasse a rachadura do seu casco, ao que ele respondeu que poderia fazê-lo, sim, desde que ela o deixasse, ali, por uns dias, já que o trabalho exigiria algum tempo.

Daniline, que nunca concebera poder viver sem o casco, argumentou que seria muito difícil encarar as suas iguais sem ele.

"Se com a rachadura já estava sendo difícil viver, imagine como será ficar sem ele?", pensou.

Willy, não se deixando levar pela preocupação dela, confirmou que não havia alternativa, a não ser deixá-lo aos seus cuidados. Com alguma resistência, ela resolveu que seria feito conforme ele falara e deixou que lhe retirasse seu casco. Apesar de estar sentindo uma estranha sensação de leveza, esperou até o anoitecer para voltar ao seu refúgio na vila, o que fez com certos cuidados, para não ser vista.

Depois de uma noite de sono, em que sonhou ser uma espécie diferente de criatura, que todos admiravam, por força de suas necessidades de sobrevivência, teve que sair do seu refúgio e, qual não foi o seu espanto, ao perceber que, aos olhos das demais tartarugas, ela parecia totalmente diferente, já que elas olhavam-na curiosas e com muita admiração. Algumas até tocavam nela para sentirem as suas formas.

Passados três dias, intrigada com o assédio de que estava sendo alvo, resolveu voltar à cabana do Willy, acreditando que somente ele teria alguma explicação para aquilo, além do que, seu casco já devia estar consertado. Pelo caminho, surpreendeu-se com o tanto de tartarugas que ia encontrando e não lhe passou despercebido que, muitas delas, já não se pareciam, em nada, com tartarugas. Algumas delas caminhavam com tanta desenvoltura, que até pareciam voar. Além do que, mais pareciam aves, muito bonitas em suas plumas coloridas, que em nada lembravam o que antes tinham sido.

— Algo de misterioso está acontecendo — murmurou, enquanto seguia em frente.

Chegou à cabana e encontrou o Willy muito atarefado, atendendo outras tartarugas.

"Será que todas elas andaram quebrando seus cascos?", pensou.

Willy, como da primeira vez, sorriu-lhe ao vê-la entrar e, depois de algum tempo, foi atendê-la. Contou-lhe tudo o que estava acontecendo com ela e o que tinha visto no caminho até a cabana. Ele apenas continuava a sorrir, sem lhe dar explicação alguma, apenas disse-lhe:

— Pelo visto, muita coisa está mudando, Daniline. Mudanças fazem parte da vida, evoluir é uma lei natural.

Concordando com Willy, sem saber a razão, mas um tanto ansiosa, Daniline foi logo querendo saber do seu casco. Ele, atencioso como sempre, perguntou-lhe:

— Por que tanta pressa, se você está tão bem? — Ela respondeu-lhe:

— Tão bem? Estou sem o meu casco, todo mundo me olha estranhamente e o senhor vem dizer que estou "tão bem"? Só pode ser gozação, fala sério!

Mirando-a mais uma vez, ele respondeu-lhe:

— Falo sério sim. Você está muito bem, muito bonita, assim. Ainda não se olhou no espelho?

Ela ficou meio pasma com aquilo, parecia o seu sonho se repetindo:

— Eu nem tenho espelho, uai! — lamentou.

Willy trouxe um espelho e entregou-lhe. Ao mirar-se nele, Daniline ficou surpresa! Esfregou os olhos, relutando em acreditar no que estava vendo, deixara de ser uma tartaruga, era uma nova criatura. E só agora, em frente ao espelho, podia verificar a transformação que ocorrera com ela. Estava ainda mais bonita do que as tartarugas que encontrara pelo caminho. Possuía plumas todas brancas e azuladas. Sua pele era clara, transformara-se numa bela e rara ave, elegante e majestosa no seu porte. Olhou para Willy, e ele, apenas, a observava e sorria. Curiosa diante de tão radical transformação, perguntou:

— Como isso aconteceu comigo? Explique para mim!

Willy, sentando-se num banquinho moldado num velho e lustroso tronco de árvore, com um olhar sereno e penetrante, envolto em uma aura que se expandia em raios de luz, multicoloridos como um arco-íris, suave e pausadamente começou a falar-lhe:

— Esta transformação é natural, minha amiga. Faz parte da evolução da vida. Somente aquelas criaturas acomodadas é que nunca mudam, permanecem as mesmas. Você, com sua curiosidade, com a sua ânsia em conhecer mais, venceu seus próprios limites. Lembra-se da água cristalina do córrego? Pois é, o conhecimento é assim, claro, transparente, e aquele que nele se banha, transcende a sua forma e passa a vivenciar a sua essência, que é a matriz de todas as criaturas "nascidas" da Vontade Divina. Todos nós, independentemente da forma como nos apresentamos, somos muito mais, somos criaturas maravilhosas, com um papel a cumprir neste universo infinito. Você captou esse fenômeno com sua latente necessidade de transpor o "portal da floresta", que apenas simbolizava a entrada numa nova dimensão existencial. Daí que a transformação que se operou em você, acabou influenciando muitas das suas iguais. Agora é seguir adiante na senda da transformação, livre do fardo da antiga forma ou do casco que te aprisionava. Só isso, sem mistérios.

Daniline, agora uma maravilhosa ave plumada e bela, emocionada e feliz, apenas deixava soar no seu interior as palavras de Willy, cuja imagem já não lembrava mais o duende que havia conhecido, e sim um mago simpático e rejuvenescido. Sentindo que ele estava prestes a deixá-la, ainda lhe perguntou:

— E agora, como será a minha vida neste novo ciclo, como você diz?

Willy, como sempre, sorriu e disse:

— Será como você quiser; suas escolhas ainda não terminaram minha bela amiga.

Daniline, compreendendo que aquelas eram as últimas palavras de Willy, sentindo-se tomada de imensa alegria por tudo que aprendera e, a título de adeus, disse-lhe:

— Entendi, meu bom amigo, agora sei que devo partir livre para uma nova aventura, muito obrigada.

Willy despediu-se dela, com uma leve curvatura e em voz baixa falou:

— Muito obrigado e lembre-se: sem mistérios!

COMO SE FOSSE UM GLOSSÁRIO

Visando promover ainda mais a compreensão do tema desta obra e o seu aprofundamento, este adendo tem como proposta sintetizar definições sobre a autoestima e seus principais elementos. Contemplando, ainda, capacidades, habilidades e alguns outros componentes assemelhados, cujo desenvolvimento, em diferentes níveis, está relacionado à influência do grau de autoestima do indivíduo.

Autoestima — Autoconceito interior, individual, de valor e importância como pessoa, baseado em valores, princípios, aptidões e crenças que norteiam a vida do indivíduo e sustentam sua autoimagem positiva.

Autoaceitação — Capacidade de reconhecer todas as partes de si mesmo, ou seja, qualidades, deficiências e propensões, a fim de potencializar a superação dos pontos fracos e aperfeiçoar os pontos positivos.

Autoamor — Capacidade de desenvolver amor por si mesmo, traduzindo esse amor em suas condutas e escolhas diárias, além do compartilhamento solidário com os outros.

Autovalorização — Capacidade de autovalorizar-se, tendo como referência o reconhecimento do seu valor pessoal. Competência, prática de apreciar seus valores, qualidades, capacidades e aptidões.

Autoconfiança — Capacidade de confiar em si próprio, em suas ideias, princípios, valores e competências pessoais.

Autorresponsabilidade — Capacidade de assumir com autonomia a responsabilidade, integral, pela sua vida; pelas suas escolhas e decisões.

Autorrespeito — Capacidade de respeitar a si próprio, respeitar suas ideias, opiniões e juízos. Aplica-se também ao respeito à sua saúde, em seus diversos aspectos; à sua dignidade, à sua integridade moral e cidadania.

Autoeficiência — Capacidade da competência pessoal. Habilidade de agir com eficiência ante os obstáculos, adversidades e desafios existenciais, em geral. É influenciada, basilarmente, pela autoconfiança e a autorresponsabilidade.

Automerecimento — É uma espécie de sentimento interior, baseado na autoestima elevada, em que o indivíduo acredita ser merecedor daquilo que alcançou ou que almeja conquistar.

Autonomia — O significado de autonomia está relacionado à independência ou liberdade. Em relação à autoestima, significa a capacidade de pensar por si mesmo, de gerenciar as suas escolhas, de agir conforme seus princípios e valores.

Autoimagem — É a expressão exterior da autoestima, engloba comportamentos, condutas, até o modo de comunicar-se, vestir-se, cuidar-se etc.

Autodeterminação — Capacidade de ser persistente ou devotado; de ser fiel à realização de um objetivo ou propósito.

Autoafirmação — Capacidade da assertividade, de autenticidade e firmeza em defender suas convicções, valores, opiniões ou ideias. Convém não confundir autoafirmação com a ostentação de poder, dinheiro, posses etc., pois aquele que age dessa maneira está apenas tentando compensar sua baixa autoestima; usando dessas *demonstrações* para obter a aceitação dos outros.

Autoelogio — Capacidade ou habilidade *de falar bem de si mesmo*. De reconhecer, profundamente, seus predicados e competências, e expressá-las sem temer o juízo alheio. É uma forma de autoestímulo, de ser afetivo consigo mesmo, de automotivar-se.

Auto-observação — Capacidade de observar, analiticamente, a si mesmo. Conduta ditada pela autocrítica ou autoavaliação.

Autoconhecimento — É a capacidade de reconhecer a totalidade do seu ser, inclusive caráter, personalidade, necessidades, deficiências, potenciais, sentimentos, competências, habilidades, aptidões; os fundamentos dos papéis que representa, o modo como age etc.

Autoeducação — Capacidade de autoeducar-se. Ao reconhecer suas dificuldades ou deficiências, o indivíduo, por meio da busca de novos saberes, se propõe a promover a sua reeducação. Isso vale para os vários setores da vida. O resgate da autoestima exige a reeducação do indivíduo, principalmente a reeducação afetiva.

Autoconsciência — É a consciência que o indivíduo tem de si mesmo, do modo como ele percebe seus sentimentos, suas emoções, suas ações e condutas. Ela antecede e, ao mesmo tempo, embasa a consciência, é um elemento de autoaperfeiçoamento.

Autoaperfeiçoamento — Disposição ou aspiração que motiva o indivíduo a estar sempre buscando a ampliação de seus saberes, visando sua constante evolução e aprimoramento existencial.

Autoexigência — Competência ou habilidade de estimular, em si próprio, maior empenho e determinação rumo à execução de metas estipuladas, visando à superação de obstáculos para seu pleno desenvolvimento e evolução.

Automotivação — É a capacidade de motivar ou estimular a si mesmo, amparado no conhecimento adquirido, nos seus valores, nas suas competências e no grau elevado de autovalorização e autoconfiança. Também podemos defini-la como a competência de encontrar em si mesmo disposição, força e coragem para realizar algo.

Autodisciplina — Capacidade de disciplinar a si próprio; de autogerenciamento; de organizar, por exemplo, tempo e atividades. Essa postura requer, inicialmente, o aprendizado da mente disciplinada.

Autotransformação — Partindo do autoconhecimento e da necessidade de melhora existencial, significa promover mudança de referências, valores e condutas em sua vida.

Autorrealização — Realisticamente, podemos considerar a autorrealização como uma meta a ser atingida no decorrer de toda a vida, posto que envolve o desenvolvimento e a aplicação funcional e plena de todo potencial humano individual, ou seja, de todas as suas qualidades, habilidades, capacidades etc. A autorrealização compreende realizar-se, mesmo que relativamente, em todas as dimensões da vida humana.

Autossatisfação — Às vezes confundida com a autorrealização, é a capacidade de satisfazer a si mesmo, ou seja, de satisfazer necessidades, desejos, saberes etc. Quanto maior a consciência do indivíduo, mais qualificado é o seu conceito ou conteúdo de autossatisfação.

Autodepreciação — Dificuldade em reconhecer-se como indivíduo portador de qualidades e competências; visão ou conceito negativo de si próprio. Normalmente ligada a sentimento de inferioridade, posturas de autodesvalorização, submissão, timidez etc. A autodepreciação está atrelada à baixa autoestima.

Autopunição — Situação em que o indivíduo, levado por sentimento de culpa, busca, inconscientemente, punir a si mesmo, principalmente mediante ações autodestrutivas. A autopunição é sintoma de baixa autoestima.

Autopiedade — É sentir pena ou dó de si mesmo, o que pode acontecer diante de uma determinada situação e depois esvair-se, ou ser permanente dando origem a um processo de vitimização. Pessoas com baixa autoestima possuem uma acentuada tendência à autopiedade.

Autodestruição — Sugere condutas e ações negativas, desenvolvidas pelo indivíduo, que atentam contra a sua saúde, integridade, dignidade e, de modo geral, contra a sua própria vida. É também um sintoma de baixa autoestima.

Autoacomodação — É a condição em que o indivíduo se acomoda a situações de precariedade existencial, de submissão e conformismo. Estagnação existencial.

Autossuficiência — No contexto comportamental, pode significar a falsa condição em que o indivíduo desenvolve a crença de que é capaz de bastar a si mesmo, que não precisa de ninguém, que pode fazer tudo sozinho. Esse comportamento, mormente, está relacionado com prepotência, arrogância, orgulho, pedantismo e egoísmo, elementos resultantes de baixa autoestima.

REFERÊNCIAS

(Obras citadas ou que, de modo implícito, influenciaram a elaboração desta obra.)

ALCÂNTARA, Mamede. **Renascer**: um processo de amor. São Paulo: Gente, 1993.

BOWLBY, John. As origens do apego. *In*: BOWLBY, John. **Uma base segura**: aplicações clínicas da teoria do apego. Porto Alegre: Artes Médicas, 1989.

BERNE, Eric. **Você está Ok?:** análise transacional — os jogos da vida. Rio de Janeiro: Artenova, 1977.

BRANDEN, Nathaniel. **Autoestima no trabalho**. Rio de Janeiro: Campus, 1999.

BRANDEN, Nathaniel. **Autoestima**. São Paulo: Saraiva, 1997.

FELDENKRAIS, Moshe. **O poder da autotransformação**: a dinâmica do corpo e da mente. São Paulo: Summus, 1994.

FRANKL, Viktor E. **Em busca de sentido**: um psicólogo no campo de concentração. São Leopoldo (RS): Sinodal; Porto Alegre: Sulina, 1987.

FRANKL, Viktor E. **Um sentido para a vida**: psicoterapia e humanismo. 11. ed. São Paulo: Ideias e Letras, 2005.

FREIRE, Paulo. **Pedagogia da autonomia**. 40. ed. São Paulo: Paz e Terra, 2009.

FROMM, Erich. **Ter ou ser**. 4 ed. Rio de Janeiro: Zahar, 1982.

GAIARSA, José Ângelo. **Respiração, angústia e renascimento**. 2. ed. São Paulo: Ícone, 1995.

GAIARSA, José Ângelo. **Couraça muscular do caráter (Wilhelm Reich)**: trabalho corporal em psicoterapia, fundamentos e técnicas. São Paulo: Agora, 1984.

GARDNER, Howard. **Estruturas da mente**: a teoria das inteligências múltiplas. Porto Alegre: Artes Médicas, 1994.

GARDNER, Howard. **Inteligências múltiplas**: a teoria na prática. Porto Alegre: Artmed, 1995.

GEAQUINTO, Willes S. **Cidadania, o direito de ser feliz**: iguais e desiguais até quando? 3. ed. São Paulo: Biblioteca 24X7, 2008.

GOTTMAN, John; DECLAIRE, Joan. **Inteligência emocional e a arte de educar nossos filhos**. 26. ed. Rio de Janeiro: Objetiva, 1997.

GROF, Stanislav. **Além do cérebro**: nascimento, morte e transcendência em psicoterapia. São Paulo: McGraw-Hill, 1987.

GROF, Stanislav. **A mente holotrópica**: novos conhecimentos sobre psicologia e pesquisa da consciência. 3. ed. Rio de Janeiro: Rocco, 1999.

GUNNEL, Minett. **Respiração e espiritualidade**: *rebirthing*, uma técnica de cura. São Paulo: Editora Pensamento, 1994.

JAMES, Muriel; JONGEWARD, Dorothy. **Nascido para vencer**. 21. ed. São Paulo: Editora Brasiliense, 1995.

KERTÉSZ, Roberto. **Análise transacional ao vivo**. Rio de Janeiro: Summus, 1987.

LEBOYER, Frédérick. **Shantala** — massagem para bebês. 5.ed São Paulo: Ground, 1995.

LEBOYER, Frédérick. **Nascer sorrindo**. 15. ed. São Paulo: Brasiliense, 1994.

LOWEN, Alexander. **O corpo em terapia**: a abordagem bioenergética. 7. ed. Rio de Janeiro: Summus, 1977.

LOWEN, Alexander. **Medo da vida**: caminhos da realização pessoal pela vitória sobre o medo. 4. ed. Rio de Janeiro: Summus, 1986.

MAY, Rollo. **O homem à procura de si mesmo**. 8. ed. Petrópolis: Vozes, 1980.

MORAES, Renata Jost de. **As chaves do inconsciente**. 11. ed. Rio de Janeiro: Agir, 1997.

ORR, Leonard; RAY, Sondra. **Renascimento na Nova Era**. São Paulo: Gente, 1997.

PECOTCHE, Carlos Bernardo Gonzáles. **Deficiências e propensões do ser humano**. 11. ed. São Paulo: Logosófica, 2005.

PERLS, Frederick S. **Gestalt Terapia explicada**. São Paulo: Summus, 1977.

PIONTELLI, Alessandra. **De feto a criança**: um estudo observacional e psicanalítico. Trad. Joanna Wilheim et al. Rio de Janeiro: Imago, 1995.

REICH, Wilhelm. **Escuta, Zé Ninguém**. São Paulo: Martins Fontes, 1977.

REICH, Wilhelm. **A revolução sexual**. São Paulo: Círculo do Livro, 1985.

ROHDEN, Huberto. **Educação do homem integral**. 2. ed. São Paulo: Fundação Alvorada, 1979.

SCCHIFF, Jacqui Lee. **Análise transacional - tratamento de psicoses**. Apostila do Instituto Cathexis. Poços de Caldas: Gentilmente cedida por Mamede de Alcântara, 1986.

SHINYASHIKI, Roberto. **A carícia essencial**: uma psicologia do afeto. São Paulo: Gente, 1985.

SHINYASHIKI, Roberto; OLIVEIRA, Marco Antônio G. Oliveira. **Marciano X bruxas**: Análise Transacional dos contos infantis. São Paulo: Nobel, 1985.

SKY, Michael. **Respirando**. São Paulo: Gente, 1990.

SOUZA-DIAS, Therezinha Gomes. **Considerações sobre o psiquismo do feto**. São Paulo: Escuta, 1996.

STEINEM, Gloria. **A revolução interior** — um livro de autoestima. Rio de Janeiro: Objetiva, 1992.

STEINER, Claude. **Os papéis que vivemos na vida**. Rio de Janeiro: Artenova, 1976.

WILHEIM, Joanna. **O que é psicologia pré-natal**. 4. ed. São Paulo: Casa do Psicólogo, 2006.